L'Harmattan, 2018
5-7, rue de l'École-polytechnique, 75005 Paris

www.editions-harmattan.fr

ISBN : 978-2-343-13039-2
EAN : 9782343130392

LES TRIBUNAUX POPULAIRES DE LA RÉVOLUTION ET LES DROITS DE L'HOMME

Blanchard Emmanuel BAYALA

LES TRIBUNAUX POPULAIRES DE LA RÉVOLUTION ET LES DROITS DE L'HOMME

Préface de Jacques BATIENO

L'Harmattan
Burkina Faso

« Agis de telle sorte que tu traites l'humanité, aussi bien dans ta personne que dans la personne de tout autre, toujours en même temps comme une fin et jamais simplement comme un moyen ».

Emmanuel KANT,
Fondement de la métaphysique des mœurs.

« Tout individu a le droit à la vie, à la liberté et à la sûreté de sa personne »

Déclaration Universelle des Droits de l'Homme,
article 3.

« Le système judiciaire peut être un procédé d'oppression s'il ne tient pas compte, à chaque instant et à tous les degrés, des droits du prévenu à n'être pas traité comme un rebut de la société, comme seul responsable du sort qui lui est réservé. »

Albert BRUNOIS,
La Liberté Judiciaire, Honneur des Hommes.

DÉDICACE

A nos grand-mères et à notre chère mère Ekélé Hélène, qui nous ont porté très maternellement dans le plus profond de leur cœur jusqu'au dernier souffle, nous évoquons humblement et très respectueusement cette épigramme de Baden-Powell.

« Il y a quelque chose d'encore plus triste que de perdre sa mère : c'est, pour une mère, de perdre son fils, non parce qu'il meurt mais parce qu'il tourne mal. Quand ta mère t'a mis au monde, quand elle t'a appris à marcher et à penser droit, elle a fait tant de beaux rêves pour ton avenir ! Si tu deviens un voyou, si tu es mou et paresseux, elle en est terriblement affligée, même si elle ne le dit à personne ; c'est plus triste pour elle que de te voir mourir. Quel que soit ton but dans la vie, il faut donc que tu réussisses pour la rendre heureuse, car tu as une dette envers elle. »

A nos grand-mères et mère donc, à toutes les mères, à tous ceux des parents et amis qui, manifestement ou dans le silence, ont nourri ce sentiment à notre endroit, nos reconnaissance et gratitude profonds et très sincères.

A tous sans exception aucune, nous dédions le modeste fruit de notre réflexion.

REMERCIEMENTS

Au Camarade[1] Larba YARGA, qui a su nous prouver, comme le définissait Aristote, que l'enseignement est « un acte commun du maître et du disciple », et qui n'a ménagé aucun effort pour nous aider à « tisser » ce travail, toute notre reconnaissance.

A travers lui, notre gratitude va aussi à l'adresse de tout le corps professoral, de tout le personnel administratif et ouvrier, ainsi qu'à tous les camarades étudiants de l'Ecole Supérieure de Droit, qui ont partagé nos joies et peines quatre années durant et qui ont certainement contribué à leur façon à notre étude.

[1] Nous étions sous l'ère de la Révolution Démocratique et Populaire (RDP) avec l'usage du terme « camarade ».

AVERTISSEMENT DE L'AUTEUR

Ce livre est une reprise d'un mémoire de Maîtrise de droit soutenu depuis juin 1984, en pleine Révolution Démocratique et Populaire au Haute Volta, devenue plus tard Burkina Faso. En voulant laisser un écrit sur ce pan de l'histoire du Burkina Faso, j'étais partagé entre réécrire entièrement le document en l'enrichissant pour notamment mieux expliquer, comme le conseillait un ami, ou le rendre tel que rédigé à l'époque des faits en vue de laisser apparaître ma sensibilité primaire et laisser apprécier le travail d'un étudiant des années 1980. J'ai pris volontiers la seconde option, car voulant que cette page de l'histoire soit contée comme perçue à son temps.

Même si mon choix peut être critiqué en ce moment du débat au Burkina Faso sur la pertinence ou non des tribunaux d'exception, j'avais déjà la conviction en 1984 et c'est toujours le cas, que le droit n'est pas un fait marginal. Le juriste ne peut donc vivre en dehors de la société dont il est issu. Il doit s'habituer, plus que jamais, à voir lucidement et objectivement le réel visage du monde, au risque de perdre le contact avec les hommes de son temps. Fini les temps des « juristes de la stabilité et de l'immobilisme », notre société a besoin de juriste du mouvement et de l'initiative. Le juriste ne doit plus rester dans sa tour d'ivoire pour contempler le monde, il doit sortir du cocon du juridisme classique pour aider son peuple à se comprendre et à comprendre les autres peuples du monde.

C'est ce que j'ai tenté à l'époque avec une dose dialectique aussi infime soit-elle, au risque de subir les foudres de mes détracteurs. Je remercie ici et maintenant toutes celles et tous ceux qui m'ont donné le courage et la force de le faire, malgré les insuffisances inhérentes au jeune juriste que j'étais. C'est pour rendre un hommage à ces femmes et hommes qui m'ont donné cette hardiesse, que j'ai choisi volontiers la reproduction du mémoire de 1984, car il fallait y croire pour y aller.

Peut-être aurais-je encore la détermination à poursuivre cette œuvre avec les contradictions et les points de vue subséquents à la publication de ce document que je voudrais dédier à tous les martyrs de la Révolution burkinabè, qui a donné des déclics hautement symboliques à la gouvernance et à l'histoire de ce pays. Je vous souhaite une bonne lecture et suis disposé à attendre toutes contradictions et points de vue.

PRÉFACE

Penser les Tribunaux Populaires de la Révolution

Le 4 août 1983, la *Révolution Démocratique et Populaire* intervient en Haute Volta avec son lot d'espoirs et de désespoirs. Si sur le plan international, et africain surtout, cette révolution connaît un triomphe et un soutien liés essentiellement au charismatique et fascinant capitaine Thomas SANKARA, sur le plan national elle reçoit un bon accueil au début, mais finit par faire déchanter plus d'un Burkinabè. Dans les motifs du désenchantement final doit figurer en bonne place cette décision importante du *Conseil National de la Révolution (CNR)*, prise presque dans la foulée, portant sur la mise en place des *Tribunaux Populaires de la Révolution (TPR)* qui constituent le sujet de ce livre. En tant que *tribunaux d'exception*, les *TPR* ne sont ni les premiers ni les derniers en la matière au « pays des hommes intègres ». Aussi, le moins que l'on puisse observer à la lecture de ce livre pour commencer, et l'auteur ne manque pas de le souligner, c'est qu'il remet au goût du jour la question récurrente de la pertinence des *juridictions exceptionnelles*. La création de tels tribunaux pose en effet le problème fondamental du respect des principes de droit chers à toute institution judiciaire qui veut dire le droit avec justice et équité. Elle soulève en l'occurrence la difficulté de leur concordance avec les droits de l'homme ; ce qui nous place au cœur du livre de Blanchard BAYALA. Ainsi, ce que tout lecteur peut remarquer en lisant ce livre, c'est qu'il procède d'une mise en exergue de ce qui, de prime abord et avec le temps, peut apparaitre comme une impossibilité de fait, c'est-à-dire la communauté juridique entre les *TPR* et les droits de l'homme. Cet antagonisme de principe, en réalité, n'est suggéré ici que par le préfacier que je suis, comme pour valider l'hypothèse d'une incompatibilité entre *TPR* et droits de l'homme.

De facto, la question que pose l'auteur comme fil conducteur de son livre, et que je formule dans des termes qui sont miens, est sans équivoque : les *TPR* développent-ils, en marge de l'objectif de justice pour le peuple qui constitue la toile de fond du projet révolutionnaire du *CNR*, « une conception des droits de l'homme suffisamment élaborée » et légitime ? Il s'agit bien de conception des droits de l'homme propre aux *TPR*, car BAYALA établit dans son introduction une distinction entre différentes conceptions des droits de l'homme. On note ainsi trois conceptions des droits de l'homme déclinées en conceptions libérale, marxiste et africaine. Où situer les *TPR* dans ce triptyque ? Proposent-ils une approche plus originale des droits de l'homme ? La question ne manque pas d'à-propos qui donne au projet de BAYALA toute sa dimension scientifique, voire philosophique. Dans une réflexion fine et objective de la situation, se mettant dans la peau d'un véritable juge de paix, il répond à la question en analysant les tenants et les aboutissants des *TPR* dans une Haute-Volta en pleine mutation politique.

En effet, au sortir de *23* ans d'indépendance, les différentes politiques mises en place dans ce pays enclavé, qui n'est guère avantagé par la nature, ne semblent pas avoir répondu aux attentes du peuple voltaïque. Les coups d'Etat et les changements de régimes à répétition, sans jamais améliorer la situation de ce peuple en quête d'un mieux-être, ont fini par avoir raison d'une gouvernance qui avait peu d'égard pour lui. Ces régimes qui se sont succédé avant la révolution ont manifesté plus d'obsession pour le bien-être individuel et personnel de ceux qui avaient les rênes du pouvoir, se remplissant les poches tout en vidant celle du vaillant peuple voltaïque. En somme la Haute-Volta, à l'instar de la plupart des pays africains, a vu son économie et sa société gangrénées par la mal-gouvernance caractérisée surtout par l'enrichissement personnel et le pillage des deniers publics.

Les *TPR*, en tant que *tribunaux d'exception* dans la pure tradition de ce type d'institution judiciaire, sont des *tribunaux politiques* qui, de ce fait, s'inscrivaient dans le projet révolutionnaire de la Haute Volta de l'époque. Dans cette perspective, et compte tenu de la mal-gouvernance dont je viens de donner un bref aperçu, les *TPR* ont été investis de la mission de rétablir la justice sociale qui, jusque-là, faisait gravement défaut dans ce pays sahélien. Il s'agissait de restituer au peuple ce qui lui revenait de droit en sortant le pays de la faillite économique dans laquelle les régimes précédents l'avaient fait sombrer. Pour cela, il fallait redonner au peuple le pouvoir de la justice, car lui seul pouvait mesurer l'étendue des préjudices encourus. En plus de cet objectif de rétablissement de la justice sociale, les *TPR* constituent une sorte d'alternative à la justice classique dont les procédures sont excessivement longues et lourdes, tout en ayant fait la preuve de son incompétence quant à la répression de la délinquance économique et financière.

On comprend alors que pour l'auteur, l'objectif assigné aux TPR devient indéniablement celui de respecter et de défendre les droits de l'homme. Toutefois, il ne s'agit pas ici des droits d'un homme au sens d'un individu, mais de ceux d'un peuple, des hommes, car le but est de protéger le peuple de ceux qui le pillent de façon indécente. Il s'agit de « juger un homme pour rétablir des millions d'hommes dans leurs droits », écrit précisément l'auteur qui affirme ainsi l'existence d'une conception des droits de l'homme qu'il voudrait authentiquement africaine, et dont les *TPR* dévoilent toute la teneur. Cette conception africaine des droits de l'homme prend une dimension holiste (pas individualiste), se fondant sur le seul souci de rendre justice au tout et non au particulier.

Plus qu'une nouvelle conception de la justice, c'est à mon sens une conception originale des droits de l'homme qui par ailleurs, comme l'auteur ne manque pas de le préciser, n'est pas exempte d'objectifs politiques. Le principal de ces objectifs se présente tout simplement comme une leçon de gouvernance politique culminant dans une mise en garde qui prend la forme d'un manifeste dont le *Discours d'Orientation Politique (DOP)* dessine les contours avec éloquence.

Si d'un point de vue politique, social et moral, les *TPR* sont sous-tendus par des objectifs nobles, on doit reconnaître que la conception des droits de l'homme qui leur est rattachée a, *in fine*, les qualités de ses défauts, car d'un point de vue purement juridique ou judiciaire le compte n'y est pas.

On ne signe pas de pacte avec le droit, on ne s'arrange pas avec le droit qui a des exigences qui nous dépassent. En effet, le droit ne se réduit pas à sa seule dimension positive comme droit écrit et objectif. Le droit, c'est aussi et surtout un esprit, l'esprit de la loi faisant de celui-ci une entité transcendantale et lui donnant d'être une valeur au sens où l'entend Rousseau. Si le droit, dans sa factualité positive, est susceptible d'être dépassé pour devenir caduque, car c'est aussi le risque encouru pour mériter le statut de science, dans sa dimension transcendantale, le droit reste indépassable, car il revêt un caractère permanent, indestructible.

Lorsque la politique entre dans une relation de communauté avec le droit, on court le risque d'une confusion entre le droit et la morale nous conduisant à affirmer que seule la bonne volonté doit fonder toute action. On oscille entre intention et moyen, croyant que la bonne intention peut tout justifier ou tout excuser, voire tout légitimer, et on n'hésite pas à reprendre à son compte la formule qui veut que « la fin justifie les moyens ». Or c'est là une erreur fatale, car cela revient à dire que même les méthodes les plus cruelles sont à excuser si la cause est juste. Attitude dangereuse permettant à bien des dictateurs de justifier leurs pires actions et crimes. Non seulement nous sommes ici dans l'immoralisme, mais nous sommes aussi dans l'illégalité, bafouant jusqu'à cet esprit sacré de la loi.

Les *TPR*, en dépit de leurs objectifs sociopolitiques nobles, ont raté le tournant juridique relatif à l'esprit de la loi. Le droit y a été utilisé comme instrument notoirement technique, au sens d'un artifice, au service d'une politique ou d'un pouvoir politique (celui de la révolution démocratique et populaire), faisant alors des *TPR* une parodie de justice. Sans aller jusqu'à porter sur ces tribunaux un jugement aussi sévère que le mien, l'auteur n'en est guère que peu éloigné, énumérant dans la deuxième partie de son livre les limites juridiques des *TPR* qui violent les principes fondamentaux, à défaut de dire élémentaires, du droit et, partant, d'une justice qui se veut équitable. L'auteur y reconnaît implicitement, tout en le démontrant objectivement, le fait que l'esprit de la loi n'ait pas fait l'objet d'une attention particulière, d'un intérêt particulier. Faut-il dès lors remettre en cause la conception des droits de l'homme des *TPR* telle qu'établie par BAYALA ? Non répond-il, et pour cause, tel un rationaliste averti, il ne se contente pas de critiquer en relevant les limites juridiques des *TPR* ; il fait aussi des propositions lucides et avisées afin d'améliorer cette *juridiction d'exception*, donnant à son travail toute sa dimension scientifique.

Jacques Batiéno
Docteur en philosophie
Professeur de philosophie, Paris (France)

INTRODUCTION

Aux sociétés de toutes les époques, l'histoire apporte des leçons plus difficiles et plus complexes. Depuis les indépendances africaines des années 1958 à 1960, les coups d'Etat ou de force se succèdent en Afrique Occidentale, mais ne se ressemblent guère.

Dans cet ordre d'idées, la Haute Volta, pays carrefour, enclavé en plein cœur de l'Afrique de l'Ouest semble s'être singularisée par les hommes qui se sont succédé au pouvoir et à travers les voies que chaque groupe putschiste propose.

Président malgré lui, le Général LAMIZANA[2], arrivé au pouvoir à la suite d'un soulèvement populaire, a tenté,

---

[2] Le Général Aboubacar Sangoulé LAMIZANA, né le 31 janvier 1916 à Dianra (province du Sourou, Burkina Faso) et mort à Ouagadougou le 26 mai 2005 à l'âge de 89 ans, a été un officier militaire et homme d'État du Burkina Faso. Il était marié et père de neufs enfants dont sept vivants. Après ses études primaires en Haute-Volta et à l'école primaire supérieure Blanchot au Sénégal, puis à l'école des officiers africains à Saint-Louis (Sénégal), il a été incorporé contre son gré le 18 janvier 1936 dans l'armée française comme « tirailleur sénégalais ». Il a gravi les différents grades de l'armée française avec qui il a combattu en Indochine et en Algérie. Après l'indépendance de la Haute-Volta le 5 août 1960, il a été chargé de créer l'armée nationale, avec le concours d'autres officiers. Nommé chef d'état-major général des forces armées, il a été Chef de l'État au nom de l'armée après le soulèvement populaire du 3 janvier 1966 qui a amené à la démission du premier président Maurice YAMEOGO. Il est resté

pendant quatorze ans, d'assainir l'appareil d'Etat et de forger une « Unité Nationale ». Ensuite ce fut le Colonel Saye ZERBO[3] et le Comité Militaire de Redressement pour le Progrès National (CMRPN) qui s'étaient proposés de « redresser » le pays après deux années de pouvoir népotique, despotique et de gabegie de la IIIe République.

---

au pouvoir jusqu'au 25 novembre 1980, renversé par un coup d'État militaire perpétré par le Comité militaire de redressement pour le progrès national (CMRPN) sous la direction du Colonel Saye ZERBO, ancien Ministre des affaires étrangères. Son jugement a ouvert le 3 janvier 1984, les procès du Tribunal Populaire de la Révolution, où il lui a été reproché sa gestion de 400 millions de francs CFA de fonds spéciaux.

[3] Le Colonel Saye ZERBO, né le 27 août 1932 à Tougan (province de Sourou) et mort le 19 septembre 2013 à l'âge de 81 ans à Ouagadougou[1], a été un officier militaire et homme politique burkinabé. Après des études au Mali et à Saint-Louis du Sénégal, il a été élève à l'École spéciale militaire de Saint-Cyr. Il a servi dans les troupes parachutistes françaises au cours de la Guerre d'Indochine, puis de la Guerre d'Algérie. Après l'indépendance de la Haute-Volta, en 1960, il a quitté l'armée française pour rejoindre l'armée du nouvel Etat. Il a été Ministre des Affaires étrangères dans le gouvernement du Général Aboubacar Sangoulé LAMIZANA, de 1974 à 1976, après avoir commandé les forces armées présentes dans la capitale et dirigé les services de renseignement de l'armée voltaïque. Le 25 novembre 1980, il a pris la tête d'un coup d'État contre le Président LAMIZANA, à la suite de grèves, déclenchées par le syndicat des enseignants, puis est devenu alors Chef de l'État et du Gouvernement. L'application de la Constitution de 1977 a été suspendue ; un Comité militaire de redressement pour le progrès national (CMPRN) a été mis en place. Il a dû faire face à l'hostilité durable des syndicats, avant d'être renversé par le Médecin-Commandant Jean-Baptiste OUEDRAOGO, qui lui succède à la tête du Conseil du salut du peuple (CSP) le 7 novembre 1982. Emprisonné et jugé après le coup d'État en août 1983 du Capitaine Thomas SANKARA, il a été condamné après un jugement expéditif à quinze ans de prison en mai 1984. Jusqu'alors musulman, il s'est converti au christianisme en détention. Il a été néanmoins libéré en août 1985. Sa condamnation sera annulée le 18 février 1997 par la Cour suprême du Burkina Faso.

Le Colonel Saye ZERBO ne fera pas deux ans à la tête de l'Etat : le Médecin-Commandant Jean Baptiste OUEDRAOGO[4] le remplacera pour offrir le « Salut » au peuple voltaïque, un peuple bafoué et désabusé. Nous connaissons le sort du Conseil du Salut du Peuple (CSP) du Médecin-Commandant Jean Baptiste OUEDRAOGO : sans unité idéologique en son sein, ce comité connaîtra des crises graves qui ont failli plonger le pays dans une guerre civile. Le 4 août 1983, le Conseil National de la Révolution (CNR, avec le Capitaine Thomas Isidore Noël

---

[4] Le Médecin-Commandant Jean-Baptiste OUEDRAOGO, né à Kaya, au Nord-Ouest de la Haute-Volta, le 30 juin 1942, est un Médecin Officier militaire et homme politique burkinabé, qui a dirigé le pays en qualité de Chef d'État de la République de Haute-Volta du 8 novembre 1982 au 4 août 1983. Après ses études à la faculté de médecine d'Abidjan (Côte d'Ivoire) puis à l'École de santé navale de Bordeaux (France), avant de se spécialiser en pédiatrie à Strasbourg (France), il a été Médecin-commandant dans l'armée de son pays. Il a fait partie des militaires qui, le 7 novembre 1982, ont renversé par un coup d'État le régime du Colonel Saye ZERBO. Il a exercé alors les fonctions de Chef d'État à la tête du Comité de Salut du Peuple (CSP). Entré en conflit avec son Premier Ministre le Capitaine Thomas SANKARA, il l'a limogé en mai 1983. Trois mois plus tard, le 4 août, ce dernier a pris le pouvoir par un nouveau coup d'État.
Emprisonné à Pô, dans le Nahouri, il a été libéré après deux ans de détention. Par la suite, il est retourné à la médecine et a fondé la Clinique Notre-Dame de la Paix à Ouagadougou, où exercent également deux de ses enfants. En 2005, il a reçu deux distinctions honorifiques, la médaille d'or pour l'excellence dans la pratique des affaires, décernée à l'occasion d'un forum à Genève, et le baobab du premier prix du concours du meilleur cadre de vie des formations sanitaires de la région du Centre, attribué par le Ministère de l'Environnement et du Cadre de vie du Burkina Faso. Il intervient comme personne ressource lors de nombreuses crises sociales aigues du pays. Il a été membre actif du Collège des Sages qui a été créé pour sortir le pays d'une crise profonde suite à l'assassinat du journaliste Norbert ZONGO et de ses compagnons en décembre 1998.

SANKARA[5]) devait mettre fin à cette hantise en s'emparant du pouvoir et en tentant un changement profond des mentalités, le but visé étant l'instauration d'une « justice sociale » par le canal de la « Révolution ». Tant de bouleversements, de changements et de remises en cause perpétuelles pour un petit Etat comme la Haute Volta, en un laps de temps, c'est, peut-être, un peu trop.

L'armée au pouvoir, quel que soit le vocable qu'elle s'attribue (Renouveau, Redressement National, Salut du Peuple, Révolution) suscite beaucoup de réflexions. Notre propos n'a pas pour objectifs de chercher les mobiles qui ont guidé les différents régimes militaires à s'emparer du pouvoir ; il s'agit tout simplement de porter un regard critique sur un trait commun à tous ces régimes : l'utilisation de cours exceptionnelles. En effet, notre pays a connu sous différentes appellations des tribunaux d'exception. Ce fut d'abord la Tribunal Spécial, créé par l'Ordonnance n°67-24/PRES du 6 juin 1967[6] pour juger l'ancien Président, Monsieur Maurice YAMEOGO[7] et les dignitaires de la

---

[5] Le Capitaine Thomas Isidore Noël SANKARA, né le 21 décembre 1949 à Yako en Haute-Volta devenue Burkina Faso et assassiné le 15 octobre 1987, avec plusieurs autres civils à ses côtés, a été le Chef de l'Etat du 4 août 1983, date de sa prise du pouvoir à son assassinat. Il est considéré comme père de la Révolution burkinabè. Doté d'un leadership charismatique et visionnaire, son intégrité et son engagement continuent de nos jours d'être la référence d'une grande partie de la jeunesse africaine. Il a présidé la cérémonie de lancement officiel des Tribunaux Populaires de la Révolution, qui demeurent une marque de son magistère. L'histoire du Burkina Faso retient de lui aussi les nombreux licenciements et dégagements de fonctionnaires conformément à sa vision d'assainissement de la gestion des affaires publiques.

[6] Journal Officiel de la République de Haute Volta du 25 mai 1967, p. 282.

[7] Maurice YAMEOGO, né le 31 décembre 1921 à Koudougou dans le Centre-ouest du Burkina Faso et décédé le 15 septembre 1993, fut le premier Président de la Haute Volta, actuel Burkina Faso. Père de

Ière République ; puis vint le Cour Spéciale instituée par l'Ordonnance n°82-13/PRES/CMRPN du 27 avril 1982[8], abrogée par l'Ordonnance n°83-0013/CSP/PRES du 22 mars 1983[9] et enfin l'Ordonnance n°83-018/CNR/PRES du 19 octobre 1983[10], abrogée tacitement trois mois à peine après sa parution par l'Ordonnance n°84-002/CNR//PRES du 27 janvier 1984, qui instaurait les Tribunaux Populaires de la Révolution (TPR). C'est bel et bien un point commun à tous ces régimes militaires. Est-ce une simple coïncidence ? Cela pourrait se comprendre, car tout homme qui arrive au pouvoir en dehors des normes constitutionnelles préétablies cherche à justifier et à légitimer son acte. Pour ce faire, il met en cause la gestion de ses prédécesseurs dont il faut à tout prix juger les forfaits, pour restituer au peuple ce qu'on lui a pris.

Nous ne désirons pas étudier ces tribunaux d'exception pris un à un, le temps autant que la compétence risquent de nous faire défaut. Aussi avons-nous choisi délibérément de porter notre étude sur les Tribunaux Populaires de la Révolution (TPR), qui, sans doute, font partie des décisions les plus importantes prises par le Conseil National de la Révolution (CNR), au pouvoir en Haute Volta depuis la nuit du 4 août 1983. Ce choix à notre avis se justifie assez aisément car c'est un sujet brûlant qui est d'actualité. De

---

l'indépendance de son pays, il a été renversé du pouvoir le 3 janvier 1966 par un soulèvement populaire. Jugé par un Tribunal Spécial, il a été condamné le 8 mai 1969 à l'issue d'un procès à huis clos, à cinq ans de travaux forcés, au bannissement à vie et à la déchéance de ses droits civiques, avant de bénéficier d'une remise de peine du Président LAMIZANA, qui lui a succédé. Le 5 août 1970, il a été libéré.

[8] Journal Officiel de la République de Haute Volta, n° 17 du 29 avril 1982, p. 378.

[9] Journal Officiel de la République de Haute Volta, n° 15 du 14 avril 1983, p. 290.

[10] Journal Officiel de la République de Haute Volta, n° 7 du 16 février 1984, p. 102.

plus l'Ordonnance portant création des TPR a abrogé les autres textes, ce qui rend leur étude peu pratique. Il reste une dernière justification qui est subjective mais qui a son importance : nous sommes en « Option Judiciaire » de Maîtrise en Droit et nous nous préparons – pour ne pas dire nous nous vouons – au noble métier de la Magistrature. A un moment si important de l'histoire de la Justice de notre pays, nous pensons qu'une réflexion de quelqu'un dont la mission future sera de « rendre justice » n'est pas inutile. Elle est plutôt fort importante.

Dès l'annonce de l'Ordonnance portant création des TPR, les commentaires ont fusé çà et là et ont fait l'objet de propos voire de débats houleux aussi bien au plan national qu'au niveau international. Si le profane peut tout simplement approuver ou réprouver cet acte de gouvernance hautement souverain, le juriste, de son côté, avec un minimum de probité intellectuelle, ne peut taire ce qui au fond de sa conscience bouillonne. Par conséquent, celui-ci portera un regard critique sur une telle décision, même si elle émane des hautes autorités étatiques. Il n'a pas la même vision des choses que le simple citoyen. Il ne peut admettre ou appuyer un acte d'une aussi grande envergure sans réserve, parce qu'il est imprégné de concepts juridiques préétablis qui sont à ses yeux les seules garanties d'une bonne justice. Cette position lui porte beaucoup préjudice en période normale où la Constitution et le légalisme guident l'action des pouvoirs publics, ou en période exceptionnelle où souvent la Constitution est mise en veilleuse et où les dirigeants mettent en brèche le principe de légalisme. Il est en tout temps la principale cible des autorités étatiques qui voient en lui un conservateur mettant frein à leur commandement.

Ces inquiétudes sont-elles fondées ? Du moins sur quoi peuvent-elles l'être ? Beaucoup n'hésitent pas à dire que les TPR, en tant que juridiction d'exception, constituent un non-respect caractérisé et flagrant des Droits de l'Homme. Ils avanceront que les principes élémentaires, généralement reconnus par l'ensemble des pays « civilisés », ont été négligés, les droits et libertés des citoyens violés. De là se pose le problème cuisant des Tribunaux Populaires de la Révolution face aux Droits de l'Homme. Y a-t-il oui ou non-respect des Droits de l'Homme ? Qu'est-ce que les Droits de l'Homme ? Ne sont-ce pas là quelques questions pertinentes auxquelles nous devons répondre avant tout examen poussé des TPR ?

Si nous tenons particulièrement à parler des « Droits de l'Homme », c'est que l'unanimité ne se fait pas autour du concept, même si le 10 décembre 1948, l'Assemblée Générale des Nations Unies, au sortir d'une guerre atroce et horrible de génocide jamais vécue de l'humanité auparavant, a adopté la Déclaration Universelle des Droits de l'Homme. Si cette Déclaration a été votée à l'unanimité, c'est sans doute parce qu'elle n'a pas rencontré de vote négatif. On sait que tout le bloc des pays de l'Est s'est abstenu. Celui qui s'abstient ne dit pas non, mais il ne dit pas oui non plus. Le camp soviétique entendait montrer par là sa réticence envers un texte qui donne beaucoup d'importance aux droits civils et politiques de l'individu, sans mettre à sa disposition les conditions économiques et sociales de sa libération.

Déjà il ne se dessine pas une conception uniforme entre l'Est et l'Ouest. Ce conflit des deux idéologies rivales, libéralisme et marxisme, nous fera comprendre comment il est difficile de définir un contenu commun des Droits de l'Homme, même si le dernier considérant du Préambule insiste sur le fait que pour assurer « le respect universel et effectif des Droits de l'Homme et des libertés fondamentales, une conception commune de ces droits et libertés est de la plus haute importance ».

L'idéologie libérale remonte avant le Moyen-âge, où déjà dans la pensée antique de la Grèce, on reconnaissait l'existence d'une loi supérieure au pouvoir politique. Sophocle à travers son Livre « Antigone » fait revivre ces premiers moments de l'histoire des Droits de l'Homme, même si cette appellation n'était pas encore usitée. Sans remonter aussi loin dans l'histoire, une histoire qui a vu se consolider les principes-clés du libéralisme dans le monde occidental, nous tenons toutefois à mentionner les grands moments de l'évolution de la pensée qui domine la Déclaration Universelle des Droits de l'Homme :

- 1628 : « Petition of Right » imposée à Charles Ier en Angleterre ;
- 1679 : « Habeas corpus Act » qui apporte des garanties aux détenus (toujours en Angleterre) ;
- 1776 : Déclaration d'Indépendance des Etats Unis d'Amérique ;
- 1789 : Déclaration française des Droits de l'Homme et du citoyen.

Et tout le dix-neuvième siècle qui a vu fleurir en Europe le modèle constitutionnel de protection des individus face au pouvoir, dont l'expérience a montré qu'il peut être tenté par l'absolutisme.

Que nous référions au Judaïsme où la loi de Dieu reçue par Moïse sur le Sinaï commande le respect de l'Homme, ou à l'Islam dont le Livre Saint (Le Coran) révélé au septième siècle fait état d'un code idéal des droits de l'Homme, prêchant le respect de l'humanité de l'Homme, l'élimination de l'exploitation et de l'injustice, nous retiendrons que l'Homme doit être la finalité de toute action des pouvoirs publics. L'individu est considéré comme une valeur unique que tout pouvoir se doit de protéger. L'autorité de l'Etat n'est là que pour garantir les droits de l'individu ; l'Homme est libre et son espace de liberté ne doit souffrir d'aucune intrusion de la part du pouvoir. Cette conception a beaucoup influencé la Déclaration de 1948 qui réserve dix-neuf articles aux droits civils et politiques (article 3 à 21 de la Déclaration) contre sept seulement pour les droits économiques, culturels et sociaux (article 22 à 27 de la Déclaration).

Cette conception comme nous venons de le dire accorde une place importante aux droits civils et politiques qui permettent à l'individu de se soustraire à l'arbitraire du pouvoir.

Cependant nous ne pouvons pas nous empêcher de constater que l'idéologie libérale n'est pas exempte de toute critique.

Pourquoi doit-on toujours partir de l'individu pour comprendre ou juger une société alors que l'Homme ne vit jamais isolé, qu'il s'intègre toujours dans un groupe, dans une communauté ? Pourquoi sommes-nous plusieurs alors ? La conception libérale ne tient pas compte du phénomène du rassemblement, de la vie en commun, qui est pourtant la réalité de tous les temps et de tous les lieux. On remarque qu'on octroie des libertés à l'Homme, sans lui donner les moyens ni les conditions d'en jouir effectivement. A quoi cela sert-il de dire à quelqu'un qu'il a le droit à l'éducation s'il n'y a ni écoles ni enseignants. A la réflexion, cette tradition paraît idéaliste et illusoire surtout en Afrique.

A la tradition libérale des droits d l'Homme s'oppose la conception marxiste. Au dix-neuvième siècle, la révolution industrielle a entraîné le développement d'une philosophie sociale qui a eu un accueil retentissant. Nous n'en voulons pour preuve que l'écho et l'enthousiasme qu'ont suscités le « **Manifeste du Parti communiste** » en 1848 et le « **Capital** » en 1865. Marx prend un recul et jette sur l'organisation sociale de son temps un vaste soupçon. La réalité de l'Homme est dans la Nature, c'est-à-dire le travail. Mais l'avènement de l'industrie va aliéner l'Homme à la machine dont le propriétaire exploite la plus-value de son travail. Ce qui va conduire à la formation de deux classes antagonistes : les bourgeois d'un côté et les ouvriers, prolétaires, de l'autre, qui à travers une lutte de classes tentent de changer ou de maintenir l'ordre des choses. Le problème se pose autrement ici. L'aliénation économique, qui est une rupture de l'équilibre : Homme – Nature par le travail, provoque une aliénation sociale et culturelle. Cela poussera la tradition marxiste à prêcher les droits économiques, sociaux et culturels. On met l'accent sur le fait que la liberté humaine est toujours un processus, une libération en quelque sorte, dont le premier objet porte sur le monde de la nature : manger, se loger ; être soigné, plutôt que de la présenter comme un frein à l'activité des pouvoirs publics. On ne proclame pas simplement les droits et libertés, on cherche comment les réaliser.

Même si cette conception semble plus réaliste à nos yeux, elle ne manque pas d'objections. En analysant la lutte Homme – Nature à travers le travail, qui est un rapport économique, Marx a oublié quelque chose d'important sinon de capital : le rapport Homme – Homme dans la lutte à mort, qui est un rapport politique, ayant pris naissance par un rapport, un pacte, un traité de subordination. Si on doit considérer à l'instar de Marx que la seule totalité est Homme – Nature, il n'y a plus de liberté de pensée, de religion, car tout doit se ramener à des rapports de production. L'Homme n'est pas seulement un facteur productif ; il est lié de par sa nature à une société politique qui, en dehors de la production, veut manifester une conscience individuelle ou collective à travers les organisations sociales et politiques.

Ces deux conceptions que nous venons d'analyser l'une après l'autre, lorsqu'elles sont poussées dans leurs derniers retranchements philosophiques paraissent incompatibles. Cependant nous pouvons nous demander : une conciliation est-elle possible ? C'est pour réaliser cet idéal commun que la Déclaration de 1948 a été votée. Seul le cheminement de l'histoire pourra nous offrir la réponse.

Ce débat entre l'Est et l'Ouest sur la priorité à accorder à telle ou telle conception risque d'occulter un autre débat, celui qui est mené entre le Nord et le Sud. En effet en 1948, à l'adoption de la Déclaration dite universelle, la lutte se tramait entre l'Est, partisan farouche des droits économiques, sociaux et culturels et l'Ouest, champion des libertés individuelles même s'il avait des difficultés pour reconnaître à ses citoyens certains droits sociaux.

Le Sud n'avait pas le droit à la parole, à proprement dit, il était assimilé purement et simplement aux politiques de l'un ou de l'autre bloc. D'ailleurs à l'article 73 de la Charte des Nations Unies, il y a une déclaration dans laquelle les Etats qui administrent des pays non autonomes s'engagent à respecter les droits économiques, sociaux, culturels, civils et politiques de ces peuples. Ceux-ci acceptent comme **une mission sacrée** l'obligation de favoriser dans toute la mesure possible leur prospérité, dans le cadre du système de paix et de sécurité internationales établi par ladite Charte. Ce faisant, les pays colonisateurs sont tenus « de communiquer régulièrement au Secrétaire général des Nations Unies, à titre d'information, des renseignements statistiques et autres de nature technique relatifs aux conditions économiques, sociales et de l'instruction dans les territoires

C'est une idée gratuite qui consiste à vouloir faire du bien pour les autres sans leur laisser le choix de déterminer ce qui les intéresse. Il faudra attendre dix ans au moins pour entendre parler d'auto-détermination. Au lieu des droits plus politiques ou plus économiques, le tiers monde parlera des droits des peuples à disposer d'eux-mêmes et réclamera l'instauration d'un nouvel ordre économique. En effet en Afrique, beaucoup plus qu'ailleurs, de nombreux pays s'enlisent, pataugent, s'embourbent dans ce fléau qu'est le sous –développement avec son cortège de malheurs et de misères chroniques. Ils sont encore sous le joug de dominations étrangères dont ils veulent se débarrasser. Les indépendances ne changeront pas cette vision africaine et tiers-mondiste car aucune mutation profonde et sérieuse ne s'est effectuée.

Ayant sa place dans le concert des Nations dites libres, l'Afrique élèvera sa voix pour montrer sa compréhension des Droits de l'Homme. Que ce soit à la Conférence d'Helsinki lors du Dialogue Nord – Sud, que ce soit dans les différentes Conventions UE[11] - ACP[12], ou même à la tribune de l'ONU[13], l'Afrique de concert avec l'ensemble du tiers-monde a toujours affirmé sa compréhension des Droits de l'Homme. Aujourd'hui, cette conception africaine est matérialisée par un texte hautement significatif. En juin 1981, au dix-huitième Sommet de l'Organisation de l'Unité Africaine (OUA), tenu à Nairobi, est adoptée la **Charte Africaine des Droits de l'Homme**. L'Afrique a tenu à actualiser le vieux texte de 1948, pour l'adapter à ses réalités propres. Il ne s'agit pas de garantir des libertés à chaque individu, ni même de procurer à chacun un niveau de vie, d'instruction ; il s'agit au contraire d'assurer à chaque peuple la reconnaissance de son identité, ce qui implique son indépendance politique qui sous-entend la fin de toute ingérence à caractère colonial ou néocolonial et son indépendance économique. L'identité principale n'est pas l'individu pris isolément mais le Peuple dans son ensemble, qui doit pouvoir maîtriser sa propre destinée. Le

---

[11] Union européenne

[12] Groupe Afrique, Caraïbes et Pacifique.

[13] Organisation des Nations Unies

groupe va noyer l'individu car l'africain n'est jamais isolé, la vie n'est pas une aventure individuelle, c'est une entreprise collective[14]. Force-nous est de constater que cet anti-individualisme est volontiers lié à la tradition africaine, partagée entre le traditionalisme et le modernisme, allant de l'un à l'autre à la recherche d'une difficile conciliation[15].

Comme nous le voyons, l'approche africaine des Droits de l'Homme est tributaire de l'idéologie africaine et de la situation du continent qui cherche encore la voie de sa véritable indépendance. Il n'y a pas à s'en étonner car dans les « Droits de l'Homme », il y a « l'Homme » et partant sa civilisation, sa pensée, son histoire. La conception africaine en a tenu compte, le droit positif ne reconnaissant les libertés publiques et ne les organisant que si domine une tradition individualiste du monde. Lorsque la conception philosophique dominante, en vigueur dans un Etat, est anti-individualiste, il n'existe pas de véritables libertés publiques[16]. L'individu en Afrique ne saurait être, à l'image de celui de la société occidentale, un frein à l'action de l'Etat. Un adage populaire décrit bien cette conception ; il dit qu'il vaut mieux avoir tort dans le groupe qu'avoir raison en dehors du groupe. Les autorités africaines semblent avoir opté pour ce principe, sans aucune réserve. Citons à titre d'exemple le Président Habib BOUGOURIBA[17] lors d'un discours le 28 mars 1963 :

---

[14] P. F. GONIDEC, Les systèmes politiques africains, IIe édition, Librairie Générale de Droit et de Jurisprudence, Paris, 1978, p. 226.

[15] P. F. GONIDEC, op. cit., p. 227.

[16] Cl. A. COLLIARD, cité par P. F. GONIDEC, op. cit., p. 16.

[17] Habib BOUGOURIBA, né le 03 août 1903 et décédé le 06 avril 2000 (à l'âge de 96 ans), fut un ancien homme d'état, ancien homme politique et ancien Président de la République tunisienne qu'il a dirigé de mains de fer du 25 juillet 1957, date de la Proclamation de la République au 7 novembre 1987, où il a été destitué par son Premier Ministre et ancien Ministre de l'Intérieur.

« Rien ne saurait entraver l'action de l'Etat. Aucun des droits que l'on est convenu d'appeler droits naturels de l'individu ne doit primer lorsqu'il s'agit de la vie de la Nation. Je m'inscris en faux contre les tenants du vieux principe traditionnel selon lequel certaines libertés sont antérieures à l'Etat. Ces libertés sont à proscrire si elles doivent porter préjudice à la collectivité ou provoquer l'effilochement de l'Etat ».

L'approche des droits des peuples, ainsi que nous venons de le voir, se justifie car les Etats africains ont voulu se prémunir d'une arme pour venir à bout des derniers bastions coloniaux et des mercenariats qui menaçaient les indépendances nationales. Mais est-ce normal de mettre en péril les Droits de l'Homme en vertu du salut du peuple ? Dans sa présentation de la Charte Africaine, Monsieur Benoît N'GOM milite pour la protection des droits de l'individu. A son sens, faire dépendre les Droits de l'Homme de ceux du peuple, c'est dédouaner à bon compte ceux qui violent les droits et les libertés individuels au nom du respect des droits et libertés collectifs du peuple[18].

Le sort des droits est lié à la société. Mais si l'on pense qu'il vaut mieux avoir tort dans le groupe qu'avoir raison en dehors du groupe, cela reviendrait à dire que le groupe n'accepte pas d'autres critères d'exactitude que sa propre loi. S'il faut pousser ce raisonnement, ce serait grave, car le groupe n'accepterait pas d'être jugé. Cependant le grand nombre n'est pas toujours synonyme de vérité. Il faut ajouter ici que pour masquer la réalité, certains dirigeants africains n'hésiteront pas à inventer un adversaire de l'indépendance nationale pour légitimer des violations aux droits et libertés individuels.

[18] Benoît N'GOM, droits des peuples, ouvrage collectif, PUF, Paris, 1992, p. 206.

Après l'analyse sur la spécificité africaine des Droits de l'Homme, une question s'impose : une conception commune entre le Nord et le Sud est-elle possible, même si cela s'est avéré difficile entre l'Est et l'Ouest ? On connaît la déception des Européens qui, dans les négociations de la Conventions ACP – CEE, ont voulu introduire un volet « Droits de l'Homme ». Les Africains ont préféré s'accorder entre eux plutôt que de recevoir de leurs anciens colonisateurs une leçon d'humanisme politique. L'Afrique a ainsi choisi la voie du non-alignement où elle affirme la légitimité de sa recherche personnelle.

Même si chaque monde se fait le champion de sa propre conception – laquelle conception va d'une liberté totale pour l'individu à une autodétermination des peuples en passant par la satisfaction des besoins sociaux de l'homme – nous pensons que les Droits de l'Homme ne sont pas pour autant rejetés ou décriés mais plutôt approfondis. Cela ne sera effectivement possible que si chaque conception accepte de s'ouvrir à l'autre au lieu de se replier sur sa seule et unique approche de l'Homme et de ses Droits. La compréhension universelle des Droits de l'Homme serait alors le fruit du dialogue et non de l'unité totalitaire. Chacune devrait s'ouvrir sur les autres approches pour la réalisation de cette aspiration commune et combien noble. Les Droits de l'Homme influent sur les institutions étatiques. Dès lors qu'on s'appuie sur une approche, ce n'est pas facile à interpréter.

Les développements sur les Droits de l'Homme qui précèdent, longs mais utiles, nous permettront de comprendre la complexité sinon la difficulté à apprécier d'un regard critique la juridiction d'exception qu'est le Tribunal Populaire de la Révolution (TPR) que notre jeune « Révolution » vient d'inscrire en lames de feu dans son histoire. Les TPR ont été créés pour instaurer une justice sociale, une justice pour tous, qui puisse apporter un remède à tous les grands maux de la société voltaïque. Notre magistrature pendant longtemps s'était attelée à des jugements portants sur les vols de bicyclettes, de poulets et autres chapardages[19] sans avoir à toucher aux grands détournements de deniers publics d'un peuple qui était dominé, opprimé, exploité, humilié et bâillonné. En s'attaquant aux détourneurs les plus crapuleux, ceux qui ont pour unité de compte les centaines de milliers sinon de millions de francs, notre pays veut rendre justice aux plus déshérités, car il n'est pas de sentiment qui soit ancré plus solidement aux tréfonds de la conscience des hommes que celui de la justice[20]. Notre système judiciaire, copié à la lettre sur le modèle français n'a pas pris en compte les réalités de notre société où le sous-développement et l'analphabétisme frappent la majorité sinon la quasi-totalité de la population. Construit au XIXe siècle, pour les magistrats de XIXe siècle, le système judiciaire paraît de plus en plus inadapté au monde dans lequel nous vivons[21].

Cette inadaptation du système judiciaire a causé de grands maux que nos jeunes Etats auraient pu éviter avec un peu de souplesse dans l'élaboration de leurs textes. Cela a laissé impunis les grands détourneurs. Il est convenu maintenant, pour qualifier la faune que hante la délinquance financière, de parler de délinquance « en col blanc ».[22]

Les TPR sont à la recherche d'une justice qui convienne aux réalités voltaïques. La justice a comme finalité l'homme et sa liberté. Si elle ne tient pas compte de

---

[19] Le journal du Syndicat Autonome des Magistrats Voltaïques : résultats du conseil du 25 et 26 février 1984.

[20] Emile POLLAK, La parole est à la défense, Editions Robert Laffont, Paris, 1975, p. 136.

[21] Maurice AYDALOT, magistrat, Editions Robert Laffont, Paris, 1976, p. 190.

[22] Emile POLLAK, op. cit., p. 72.

l'homme, elle n'est pas juste ; si elle aliène l'homme, elle n'est pas la vraie justice. Elle est faite pour mettre noir sur blanc l'état d'une société à un moment donné de son cours et pour assurer pendant ce temps le bonheur des hommes[23]. Pour appliquer la justice, il y a une procédure à suivre, qui est l'exact reflet des conditions dans lesquelles dans un pays donné, sont conçues les relations entre l'Etat et la personne humaine[24]. Ces relations entre l'Etat et l'individu sont fonction de la conception des Droits de l'Homme dans un pays. Ce qui reviendrait à dire du même coup qu'il y a risque que telle approche ou telle autre approche soit plus considérée que les autres, au regard de la spécificité de chacune des conceptions. Quel sera le choix à opérer pour les Tribunaux Populaires de la Révolution ? Va-t-on choisir une approche plus libérale ou plus économique ou va-t-on s'en démarquer ? Les TPR, voltaïques, en 1983, soit vingt-trois ans après l'indépendance du pays sont-ils contraints de s'affilier aux conceptions classiques ? Poser ainsi le problème de Tribunaux Populaires de la Révolution, c'est à notre sens poser les questions suivantes :

1) Quelle est l'approche des Droits de l'Homme suivie par les TPR ?
2) Cette conception est-elle suffisamment élaborée ?

C'est le canevas de notre réflexion combien pertinente et formatrice sur les Tribunaux Populaires de la Révolution.

---

[23] Emile POLLAK, op. ci., p. 173.
[24] Roger MERLE et André VITU, Traité de Droit criminel (Procédure Pénale), 3e Edition, Editions Cujas, Paris, 1979, p. 13.

PREMIÈRE PARTIE

Les Tribunaux Populaires de la Révolution, une nouvelle approche des droits de l'homme

Les Tribunaux Populaires de la Révolution constituent – ils une nouvelle approche des Droits de l'Hommes. Vont-ils s'accrocher à l'approche libérale ou à l'approche marxiste ou vont- ils s'identifier à la conception africaine des Droits de l'Homme ? L'analyse des fondements des TPR et de leur articulation pourraient davantage éclairer sur cette question.

TITRE I

Fondement des Tribunaux Populaires de la Révolution (TPR)

Vingt ans après son indépendance, la Haute Volta compte quatre tribunaux d'exception à son actif :

- le Tribunal Spécial créé par le régime militaire issu du soulèvement populaire du 3 janvier 1966 ;
- la Cour Spéciale pendant le CMRPN et le CSP ;
- le Tribunal Populaire de la Révolution avec l'avènement du CNR.

Le premier, à savoir le Tribunal Spécial, n'a pas fait grand écho après le jugement de Monsieur Maurice YAMEOGO et de quelques dignitaires de la Première République[25], le peuple est resté sur sa faim. Les Cours Spéciales (du Comité Militaire de Redressement pour le Progrès National et du Conseil du Salut du Peuple) n'ont jamais rendu de jugement. Les TPR par contre comptent déjà cinq assises qui ont examiné un nombre assez impor-

[25] Le Tribunal Spécial a tenu deux sessions (du 24 mai au 6 juin 1968 et du 28 avril au 14 novembre 1969), qui ont prononcé quinze (15) arrêts dont certains relatifs au huis clos, à la compétence, à la constitutionnalité des ordonnances sur le Tribunal Spécial.

tant de dossiers[26]. Dans la recherche des fondements des TPR, il nous faut connaître leurs causes puis leurs objectifs.

[26] Nous écrivons ces lignes le 15 mars 1984. Nous comptions déjà plus de quarante (40) arrêts rendus par les TPR.

CHAPITRE I

Causes des Tribunaux Populaires de la Révolution (TPR).

Rien n'est plus difficile pour l'historien des temps passés que de saisir les commencements, et c'est plus difficile encore pour qui analyse les temps présents[27]. On ne saurait donc être trop prudent quand il faut expliquer ce qui se passe actuellement en Haute Volta. En recherchant ce qui a conduit le Conseil National de la Révolution (CNR) à instituer les TPR, on pourrait avancer des causes économiques et sociales d'une part et des causes d'ordre administratif et politique d'autre part.

I. Causes économiques et sociales

Il a été dit en son temps, après la date combien historique du 3 janvier 1966, que les caisses de l'Etat étaient vides. Au lendemain de la chute de la Troisième République, on a estimé à une quinzaine de milliards le déficit financier de l'Etat. A l'avènement du CSP et du CNR, la situation demeurait toujours catastrophique. Les finances

---

[27] Michel ALLIOT, Un droit nouveau est-il en train de naître en Afrique ? in Dynamiques et finalités des droits africains, Editions Economica, Paris, 1980, p. 467.

publiques se sont toujours mal portées. A une société commerciale, on aurait déclaré sa faillite et procédé à sa liquidation, puis on n'en parlera plus. Peut-on à l'instar d'une société aller jusqu'à liquider un Etat ? Fort heureusement, le droit international n'est pas aussi sévère. En cas de difficulté, chaque pays applique sa méthode. En Haute Volta, les TPR sont proposés pour résoudre en quelque sorte le problème.

L'administration voltaïque, comme dans la plupart des pays en voie de développement, pléthorique et recrutée sur des bases politiques, népotistes et tribalistes, est parasite des campagnes. Elle absorbe plus de 60% des recettes de l'Etat[28], ne donnant plus aucune marge réelle pour réaliser le développement économique et social. Les fonctionnaires sont surtout reconnus pour leur mauvaise gestion de la chose publique, ce qui aggrave la situation de paupérisme du pays. Ainsi, de grosses sommes d'argent et d'autres biens sont détournés, volés à des fins personnelles, asphyxiant une économie déjà moribonde, sans que les auteurs ne soient inquiétés. L'honnêteté et la franchise perdent leur sens dans cette administration improductive et laxiste. Le peuple n'y pouvait rien ; il a regardé souvent d'un œil complice les malversations sur les biens, espérant que la providence viendrait bouleverser l'ordre des choses.

Pour répondre à l'attente des masses populaires qui veulent toute la lumière sur la gestion des biens de l'Etat, et donc de leurs biens, le CNR a créé les TPR. Il faut restituer à qui de droit tous les biens accaparés malhonnêtement par ceux qui ont refusé de s'identifier au Peuple. Le Peuple, recouvrant ainsi ce dont il avait été pendant longtemps spolié, pourra enfin reconstruire la Nation. Il pourra remettre sur les rails son économie

---

[28] René DUMONT, L'Afrique noire est mal partie, le Seuil, 1968, p. 67.

endormie et agonisante. Les richesses ne seront plus l'apanage de quelques individus pour des besoins inavoués, mais elles seront à la disposition de l'ensemble des citoyens qui en feront un usage collectif et équitable. On a créé les TPR parce qu'il faut mettre hors d'état de nuire toute la faune de la délinquance financière qui rappelle encore un passé récent de despotisme et de gabegie.

A ce qui précède, il faut ajouter une raison sociale très importante. Ce sont les exigences de la Révolution du 4 août. En donnant le pouvoir au Peuple, il faut aller jusqu'au bout : faire exercer par celui-ci la justice qui est un attribut essentiel de la souveraineté étatique. Le CNR est convaincu que seul le procès assuré et assumé par le Peuple sera adéquat et rapide. On matérialise ainsi « le principe de la participation effective des classes laborieuses et exploitées à l'administration et à la gestion des affaires de l'Etat »[29]. Il y a un risque à ce que la classe exploitée hier ne bâillonne l'ancienne classe dominante. Doit-on commettre des injustices au nom de la justice ? La justice doit rétablir l'équilibre entre les parties plutôt que de créer un autre déséquilibre.

Beaucoup de gens apprécient les TPR parce qu'ils permettent de restituer au Peuple ce qui lui revient. Les TPR sont aussi appréciés parce qu'ils réduisent au maximum la longue procédure de poursuite judiciaire d'autan.

II. Causes administratives et politiques

Il est connu que la justice ne se saisit pas d'office de l'action publique, c'est-à-dire qu'elle ne statue pas d'elle-même toutes les fois que l'ordre public a été troublé. L'article 1 du Code de procédure pénale dispose :

---

[29] Discours du Chef de l'Etat à l'ouverture des procès ; in Carrefour Africain n°812, du 6 janvier 1984, p. 22.

« L'action publique pour l'application des peines est mise en mouvement et exercée par les magistrats ou fonctionnaires auxquels elle est confiée par la loi. »

La loi confie cette prérogative principalement[30] au Ministère public, ce corps de magistrats dits « debout », qui est hiérarchisé, indivisible, irresponsable et indépendant vis-à-vis des magistrats du siège. La hiérarchie marque beaucoup ce corps dont le chef est le Ministre de la Justice. Celui-ci, aux termes de l'article 35 du Code de procédure pénale, peut dénoncer au Procureur Général[31] les infractions à la loi pénale dont il a connaissance, lui enjoindre d'engager ou de faire engager des poursuites ou de saisir la juridiction compétente de telles réquisitions écrites que le Ministre juge opportunes.

Tout dossier avant la saisine du Procureur Général est communiqué au Garde des Sceaux, Ministre de la Justice qui transmet au Chef de l'Etat pour apprécier l'opportunité de la poursuite. Ainsi si le Procureur Général n'est pas saisi d'une violation de la loi, il ne peut entamer une poursuite devant le juge du siège qui ne saisit pas d'office. Le Ministre de la Justice ou le Chef de l'Etat a tout le gré de ne pas faire poursuivre. On joue souvent avec ce pouvoir discrétionnaire pour attirer dans son camp les adversaires politiques qui ont enfreint la loi. Cela porte beaucoup de fruits. On peut comprendre ainsi pourquoi peu de dossiers arrivent chez le Procureur Général ; on veut soit protéger un ami politique, un frère, un collègue, soit attirer un adversaire politique, malgré une circulaire du Président de la

[30] Accessoirement, l'action publique est confiée à certains fonctionnaires comme ceux des PTT, des Douanes, des Eaux et Forêts et à la victime elle-même.

[31] C'est le représentant du Ministère public auprès de la Cour d'Appel et auprès de la Cour d'assises instituée au siège de la Cour d'appel.

République enjoignant que les fauteurs soient livrés à la justice[32].

Nous prenons à témoin le nombre de dossiers traités par la Cour d'Assises de Ouagadougou. De 1960 à 1980, soit en vingt un an, sur quatre cent quatre-vingt-dix-sept (497) affaires jugées, il n'y a eu que vingt-cinq (25) relatives au détournement de deniers publics dont vingt-trois (23) ont fait l'objet d'arrêt de condamnation[33]. Cela revient à dire que notre pays n'a connu, dans le délai précité, que 1,19 cas de détournement par an. Nous serions fort heureux si ce chiffre reflétait la réalité. Force-nous est de constater que nombre de cas ont été camouflés.

A ce problème propre à toute l'organisation judiciaire, il faut ajouter qu'en matière de finances publiques, la loi a prévu des mécanismes de contrôle de l'exécution du budget de l'Etat. Or à ce niveau les difficultés ne manquent pas aussi.

L'article 255 du Décret n° 69-197/PRES/MFC du 19 septembre 1969, portant Régime financier de la République de Haute Volta[34] stipule que le contrôle juridictionnel (de l'exécution du budget) est exercé par la Cour Suprême dans les conditions prévues par la loi n° 10-63[35]. L'article 266 du décret précité poursuit :

« La Cour Suprême exerce son contrôle sur l'exécution du budget de l'Etat à l'occasion :

– de l'examen des comptes des comptables ;

[32] Circulaire n°45-PRES du 4 décembre 1962, Journal Officiel de la République de Haute Volta n°49, du 8 décembre 1962, p. 1303. Voir Annexes.

[33] Jean BADO, Analyse jurisprudentielle du détournement de deniers publics (1960-1980), Mémoire de Maîtrise en Droit soutenu à l'Ecole Supérieure de Droit en 1982.

[34] JOHV, n°42 du 2 octobre 1969, p. 492.

[35] JOHV, n° 21 du 25 mai 1963, p. 333.

– de la déclaration de conformité avec les règles de la comptabilité publique ;
– des missions particulières d'enquêtes ou d'études qui peuvent lui être confiées par le Président de la République. »

On découvre ici un gros problème d'ordre administratif. Notre Cour Suprême qui compte quatre chambres (constitutionnelle, judiciaire, administrative, des comptes) ne les a jamais vues fonctionner toutes. Il y a une qui n'a jamais été installée : la chambre des comptes. Elle doit, en matière financière, jouer un rôle prépondérant. Vingt-trois ans après l'indépendance, notre pays n'a pas de chambre de comptes fonctionnelle, malgré les textes récents sur son organisation et la procédure à suivre devant elle[36]. Ce n'est pas à l'honneur de notre pays. A cause du non fonctionnement de cette chambre, beaucoup de détournements de deniers publics n'ont pas reçu la sanction qu'ils méritaient.

Le contrôle juridictionnel n'est pas le seul organe de surveillance de l'exécution du budget de l'Etat. Il y a aussi le contrôle administratif et le contrôle parlementaire sur lequel nous ne pouvons insister, la Constitution étant suspendue.

L'article 251 du Décret n°69-197/PRES/MFC du 19 septembre 1969 stipule que l'Inspection Générale des Finances assure l'inspection de l'ensemble des services de l'Etat ainsi que des collectivités locales, des établissements publics, et généralement, de tous organismes ayant bénéficié de l'aide financière de l'Etat. L'article 252 pour-

---

[36] Ordonnance n°82-0042/CNR/PRES/MJ du 29 octobre 11982, déterminant les attributions, la composition, l'organisation et le fonctionnement de la chambre des comptes de la Cour Suprême ; et le Décret n° 82-0427/PRES/CMRPN du 229 octobre 1982, fixant les règles de procédure suivie devant la chambre des comptes ; JOHV du 4 novembre 1982, p. 947

suit que le contrôle financier assure le contrôle permanent de l'exécution des opérations financières de l'Etat.

Notre système de contrôle et d'inspection n'arrivant pas à cerner toutes les opérations budgétaires des agents de l'Etat, il ne parviendra donc pas à réprimer tous les délinquants de la faune financière. Nos systèmes de contrôle des finances publics qui souffrent du manque de personnel en quantité et en qualité suffisantes encouragent les agents de l'Etat à détourner.

Pour palier tous ces problèmes, quoi de plus normal que de voir le CNR créer les TPR, pour juger les forfaits économiques commis en violation des règles de finances publiques de notre pays.

L'histoire de la Cour Spéciale a motivé quelque peu la création des TPR. Il avait été institué une Commission d'Investigations ou d'Enquêtes. Des mois et des mois se sont écoulés sans qu'on inscrive quelque chose au rôle de la Cour Spéciale. La lenteur bureaucratique de la Commission et la mauvaise foi de certains de ses membres cachaient mal la complicité de ladite Commission avec les potentats de la Troisième République et du CMRPN. Il était de notoriété publique que certains de ses éléments furent eux-mêmes des détourneurs de biens du Peuple.

Il faut noter que certains magistrats, mettant en brèche le statut de la Magistrature ont trouvé bon de s'affilier à des partis politiques pour l'obtention de postes. Combien de magistrats ont occupé jusque-là le portefeuille de Ministre ou tout autre titre équivalent ? Ceci n'est pas propice à garantir l'impartialité et l'indépendance de la magistrature, condition sine qua non d'une bonne administration de la justice.

On comprend aisément la difficulté de procéder conséquemment à l'instruction des dossiers et au jugement des anciens dignitaires. En tout état de cause, le résultat est là et significatif : deux dossiers seulement instruits pendant trois ans, un troisième a dû disparaître on ne sait pour quelle raison[37].

Au regard de ce qui précède, peut-on avancer que les Droits de l'Homme ont été rejetés ? Nous ne le pensons pas. Notre pays a adhéré à la Déclaration Universelle[38] et proclame dans le Préambule de la Constitution les libertés reconnues aux citoyens. Peut-être la réalité semble en distorsion avec les principes théoriques. Au nom de la sécurité et du développement économique et social, n'arrive-t-il pas souvent que la défense des libertés et droits publics soit reléguée au second plan ? La législation elle-même apporte des dérogations aux règles protectrices des droits et libertés individuels et aux conditions qui en assurent le respect. Cet état de fait s'explique par la situation de sous-développement qui recèle des insuffisances dans tous les domaines et qui, en outre, exige parfois des mesures prioritaires et spéciales. L'urgence, la nécessité absolue pour la survie de la nation ne tolèrent pas en pareil cas que l'on s'embarrasse de juridisme. Pour assurer la subsistance aux populations qu'ils gouvernent, pour lutter contre la maladie, la famine, l'ignorance, les dirigeants se considèrent comme en état de guerre. Au nom du Peuple, il faut éloigner ceux qui par leurs actions vont nuire à l'ensemble de la Nation[39]. Les TPR pourront ainsi protéger le Peuple des menées subversives, des grands voleurs qui empoignent des grosses sommes pour assouvir des besoins égoïstes. Il

---

[37] Commentaire du Ministre de la Justice, Carrefour Africain, n°801 du 21 octobre 1983, p. 10.

[38] Voir Article 8 de la Constitution de 1978 de la République de Haute Volta, suspendue.

[39] Au nom de la sécurité intérieure et extérieure de l'Etat, le Ministre de la Défense Nationale annonçait que trois responsables du SNEAHV (Syndicat National des Enseignants Africains de Haute Volta) ont été interpelés et arrêtés : lire l'Observateur n° 2799 du mardi 13 mars 1984, p. 8.

y a une manière négro-africaine de concevoir l'univers ; il y a donc une conception africaine du droit. Ce n'est pas le droit d'un individu pris isolement qu'il faut défendre ; le droit du peuple considéré dans son ensemble doit prévaloir.

Après l'évocation des raisons économiques et administratives qui ont sans doute motivé la création des TPR, pour bien comprendre leurs fondements, il faut rechercher aussi les objectifs escomptés par le CNR, auteur matériel de l'institution.

CHAPITRE II

Objectifs des Tribunaux Populaires de la Révolution (TPR).

Que vise le CNR à travers les TPR ? A la lumière des interventions du Chef de l'Etat[40] et des autres dirigeants du régime, on peut déceler des objectifs sociaux et politiques.

I. Objectifs sociaux

L'idée de masse, la notion de millier voire de million d'hommes, la notion du grand nombre substitué à l'unité ont introduit dans le débat universel de nouvelles dimensions et des perspectives inconnues jusqu'alors en pénétrant peu à peu notre vieil ordre individualiste[41]. Avec les TPR, on ne s'attèle plus aux droits d'un individu ; le groupe prime tout. Les TPR cherchent à juger un homme pour rétablir des millions d'hommes dans leurs droits. C'est ce qui permet au Chef de l'Etat d'avancer que nous sommes des fervents défenseurs des Droits de l'Homme et non des droits d'un homme. A la « morale » immorale de la minorité exploiteuse et corrompue, nous opposons la

---

[40] Carrefour Africain n° 812 du 6 janvier 1984.
[41] Emile POLLAK, op. cit., p. 183.

morale révolutionnaire de tout un peuple pour la justice sociale[42]. C'est une ambition louable de la politique du CNR : rendre justice au plus grand nombre jadis opprimé par les classes dominantes à travers les procès qui ne manqueront pas d'apporter des leçons nouvelles de morale humaine.

A travers l'homme, c'est toute la société qui est mise en cause. Tout le peuple voltaïque a contribué d'une façon ou d'une autre, sciemment ou inconsciemment à la destruction de la Nation. Aussi à travers des débats qui doivent revêtir un caractère éducatif, les TPR sensibiliseront tout le peuple sur les maux qui frappent notre société. C'est d'ailleurs pourquoi la presse est associée à cette œuvre fondamentale qui est l'éducation des masses populaires ; les procès sont retransmis en direct à la radio autant que possible et repris par la télévision. On cherche à faire réfléchir par les verdicts. On éduque ainsi tout le Peuple dont les mentalités sont à refaire. On donne une bonne leçon à tous ceux qui jadis ont vécu dans l'opulence et l'abondance. A travers la souffrance morale et physique, après la restitution de tous les biens au Peuple, ils pourront reconnaître leurs errements passés et s'identifier à ceux qu'hier ils avaient méconnus. Pour ceux qui dirigent aujourd'hui, ils sont avertis de ce qui leur adviendrait si par hasard il leur arrivait de trébucher.

La mentalité africaine de solidarité et d'hospitalité, tributaire de la conception familiale est à revoir. Elle a conduit directement ou indirectement nombre de personnes à s'accaparer des biens communs pour avoir une simple image de marque ; et les voilà devant le peuple pour rendre compte de leur gestion d'hier !

Ces procès ont aussi pour mission de mettre à nu toute une conception de la vie publique, axée sur l'accumulation

---

[42] Carrefour Africain n° 812 du 6 janvier 1984.

des biens au détriment des masses. Ils visent à supprimer l'enrichissement illicite sur le dos du peuple. Tout fonctionnaire, tout responsable, à partir de maintenant doit s'identifier au Peuple ; il doit souffrir avec lui : il faut une démocratie de la misère. Que la misère ne soit pas pour les uns et la joie pour les autres ; mais pour tout le monde sans exception aucune. Le TPR doivent sonner le glas pour tous les grands maux de la société voltaïque qui entre autres sont : la gabegie, le tribalisme, la corruption, la jouissance, le gaspillage, le népotisme et le laxisme.

Quand bien même les TPR veulent instituer une justice sociale, ils sont porteurs d'un message politique.

II. Objectifs politiques

Depuis la nuit du 4 Août 1983, la « Révolution Démocratique et Populaire » a été proclamée en Haute Volta par le Conseil National de la Révolution qui a créé les TPR. Il faut en rechercher la portée politique.

Le Président Thomas SANKARA, lors de l'ouverture officielle des TPR, le 3 janvier 1984, à la Maison du Peuple affirmait qu'« à travers les condamnations des forfaits socio-économiques et moraux, il s'agit là d'un procès politique, d'une remise en cause de système politique de la société néocoloniale »[43]. Les procès politiques ont une grande utilité. A travers eux, les gouvernants veulent montrer leur détermination de sauvegarder l'ordre établi, de décourager ceux qui oseraient ou seraient tentés de suivre l'exemple des inculpés et de châtier ces derniers avec vigueur[44].

---

[43] Carrefour Africain n° 812 du 6 janvier 1984.

[44] A. GONIDEC, Les systèmes politiques africains, II Edition, Librairie Générale de Droit et de Jurisprudence, Paris, 1978, p. 24.

Les TPR sont aussi porteur de messages pour les citoyens et même pour l'étranger. On désigne à la vindicte du peuple ceux qui sont considérés comme ses ennemis et on rappelle les règles de jeu pour conférer aux procès politiques ce rôle éducatif. A l'encontre de l'étranger, souvent accusé d'avoir favorisé d'une manière ou d'une autre les entreprises des délinquants, en tout état de cause, il s'agit d'affirmer l'indépendance de l'Etat et le principe de non intervention dans les affaires intérieures[45].

Les procès sont faits pour remplir les exigences de la Révolution. Lorsqu'on veut construire une nouvelle maison, on déblaie tout avant de poser ses fondations. Le CNR, avant de prendre un nouveau départ, a choisi de purger l'appareil d'Etat de tous ses vices. S'il laissait impunis tous ceux qui ont commis des malversations par le passé, cela signifierait soit qu'il a été complice de leurs actes, soit qu'il voudrait faire comme ces derniers. C'est pourquoi, il a choisi de punir très sévèrement. Ainsi s'assura-t-il que plus jamais, aucune autorité, aucun responsable, fonctionnaire ou citoyen ne s'hasardera à commettre des forfaits contre les biens du Peuple, qui sont une chose sacrée.

Ces objectifs dévient-ils de la ligne directrice des Droits de l'Homme ? Il y avait à choisir entre les droits individuels d'une minorité qui a bradé, bâillonné la majorité ignorante et souffrante, et les droits à restituer à l'ensemble du Peuple. En bon africain, la Haute Volta a préféré rétablir la justice pour des milliers d'hommes et ce à travers les textes portant création des TPR, tentant ainsi une voie nouvelle des Droits de l'Homme. Peut-on affirmer qu'un droit nouveau est en train de naître ? Il faut

---

[45] Carrefour Africain n° 812 du 6 janvier 1984, p. 21 : Déclaration du porte-parole du Gouvernement sur les procès.

analyser et comprendre les TPR qui sont une expérience que notre peuple pourra proposer aux autres Etats.

TITRE II

Les Tribunaux Populaires de la Révolution, une nouvelle conception de la justice.

L'apparition de juridictions pénales d'exception semble surprenante en Afrique en général et particulièrement en Haute Volta. Reprenant en effet à leur compte, après les indépendances, la classification fondamentale des infractions en crimes, délits et contraventions, tous les Etats africains ont conservé sans changement notoire les trois catégories de juridictions correspondant aux trois sortes d'infractions.

En Haute Volta, le règlement des contraventions et des délits est confié respectivement au Tribunal de simple police et au Tribunal correctionnel. Les crimes sont renvoyés par la chambre de mise en accusation devant les Cour d'assises ou cours criminelles dont le principe de composition associe toujours deux éléments d'une part, un éléments professionnel formé de trois magistrats – empruntés aux juridictions d'appel ou de première instance, et d'autre part un élément populaire comprenant six jurés.

Ainsi on a maintenu sinon transposé tout l'appareil judiciaire français. Apparemment, cette articulation devrait se suffire à elle-même, car pouvant répondre à tous les besoins de la justice pénale. Il est remarquable que compte tenu de la nature particulière de certaines infractions ou de la qualité de certains délinquants, le législateur africain ait estimé nécessaire la création de différentes sortes de juridictions d'exception[46]. En Haute Volta, suite à vingt-trois années d'errements politiques et de gaspillage de la chose publique, le Conseil National de la Révolution (CNR) a institué, après les autres régimes, un tribunal d'exception : le Tribunal Populaire de la Révolution (TPR).

---

[46] M. JEOL, La réforme de la justice en Afrique Noire, Editions Pedone, Paris, 1963, p. 48.

CHAPITRE I

L'organisation du Tribunal Populaire de la Révolution (TPR)

Quelle que soit la nature des infractions soustraites à leur juge naturel, il apparaît que la volonté du législateur était de leur assurer une répression rendue plus rapide par l'allègement des formes procédurales, plus sévères par l'aggravation des peines, plus certaines par le mode de désignation des juges, plus populaire par la participation accrue de juges non professionnels représentant le peuple.

I. La compétence et l'attribution du TPR

Historiquement, le TPR a succédé à la Cour Spéciale qui a précédé elle-même le Tribunal Spécial. Ce sont toutes des juridictions d'exception par opposition aux juridictions de droit commun qui ont une compétence générale pour connaître les affaires pour lesquelles la loi n'en a pas disposé autrement. Leur compétence est de principe à moins d'un texte qui y fasse exception[47]. Tels sont les tribunaux de simple police, correctionnels et les cours d'assises. Les juridictions d'exception ne peuvent

---

[47] André FAUTSCH, Manuel de Droit public et privé, 33ème édition, 1975.

être saisies que des affaires pour lesquelles la loi leur a explicitement attribué compétence. A cause de la technicité de certains litiges, on les arrache des mains du juge de droit commun ; tel est le cas du tribunal de travail.

L'expression « juridiction d'exception » est parfois utilisée dans des discussions où la passion politique l'emporte, pour viser spécialement ces tribunaux créés dans des périodes critiques pour faire face, avec des moyens exorbitants, à des formes de criminalité qui mettent en péril l'ordre public et l'existence même de l'Etat. L'on voit alors paradoxalement, dénommer juridiction de droit commun ceux des tribunaux d'exception dont la structure et la procédure sont les plus proches des règles habituelles appliquées aux tribunaux ordinaires. En réalité, par acception aussi étroite, on vise une catégorie particulière de juridiction d'exception, auxquelles on pourrait réserver le terme « juridictions extraordinaires »[48]. Leur organisation, leur compétence, leur procédure sont d'autant plus éloignées du droit commun qu'est plus grave la crise qui provoque leur apparition[49].

La compétence d'un tribunal est son aptitude à connaître d'une affaire pour la juger. Pour statuer sur la compétence du tribunal, le juge l'apprécie en raison de la matière, c'est-à-dire des faits poursuivis en la cause. C'est sa ratione materiae ou compétence d'attribution. Il prend en considération la qualité de la personne poursuivie (ratione personae) ou le lieu de l'infraction (ratione loci) pour décider de sa compétence territoriale.

Le Tribunal Populaire de la Révolution, aux termes de l'article 2 de l'Ordonnance n°84-002/CNR/PRES, a compétence pour connaître :

– des crimes et délits politiques ;

---

[48] Roger MERLE et André VITU, op. cit., p. 603.
[49] Roger MERLE et André VITU, op. cit., p. 608.

- des crimes et délits contre la sûreté intérieure et extérieure de l'Etat ;
- des cas de détournements de deniers publics, et d'une manière générale de tous les crimes et délits commis par les fonctionnaires, agents ou préposés de l'Etat dans l'exercice de leurs fonctions ou à l'occasion de leurs fonctions dont il jugera utile de se saisir ;
- des cas d'enrichissement illicite au détriment de l'Etat.

Un Tribunal Populaire de la Révolution est créé au siège et dans le ressort de chaque Tribunal de Première Instance selon l'article 1 de la l'Ordonnance n°82-002/CNR/PRES du 27 janvier 1984, tandis que l'ancienne ordonnance ne prévoyait que deux TPR, dans le ressort des Cours d'appel.

1. Des crimes et délits politiques

La distinction entre infraction de droit commun et infraction politique correspond à la conception moderne qui tend à soumettre les délinquants politiques à un régime répressif moins sévère, va à l'encontre des pratiques antérieures[50]. A l'heure actuelle, cette distinction subit des vicissitudes.

Quant à la qualification des faits, la distinction entre l'infraction politique et celle de droit commun n'est pas très aisée. Le Code pénal n'a donné aucun critère valable à cet égard. La doctrine et la pratique judiciaires ont tenté de pallier cette carence. Pour les uns, partisans d'un critère objectif, sont politiques les infractions dirigées contre l'organisation et le fonctionnement de l'Etat ainsi que celles qui sont dirigées contre les droits qui en résultent

---

[50] De l'ancien régime du Code Pénal.

pour les citoyens. Pour les autres, au contraire, le caractère politique du délit ou crime résulte des mobiles qui ont animé le délinquant[51], d'où le nom de système subjectif. Devant certaines infractions : complot visant à changer la forme du gouvernement par exemple, le caractère politique est indéniable. Mais dans beaucoup de cas, la détermination est plus difficile à opérer : le meurtre d'un homme politique est-il un crime de droit commun ou un crime politique ? Il semble qu'en général, la thèse objective domine. Mais il est surtout tenu compte des réactions de la conscience collective du milieu ou de l'époque qui la voit s'accomplir.

2. Des crimes et délits contre la sûreté intérieure et extérieure de l'Etat

Il faut se référer à la loi n°16/AL du 31 août 1959[52] qui réprime :

- les attentats et complots contre le Gouvernement ;
- les crimes portant atteinte à la sécurité intérieure de l'Etat ou à l'intégrité du territoire par la guerre civile, l'emploi illégal de la force armée, la dévastation et le pillage public ;
- l'attroupement et la provocation aux attroupements qui sont de nature à troubler la tranquillité publique.

Ces dispositions sont à compléter avec l'Ordonnance n°75-19/PRES/J du 18 avril 1975[53], instituant une Cour de Sûreté d'Etat. Celle-ci avait compétence en temps de paix pour connaître :

- des délits et crimes contre la sûreté intérieure et extérieure de l'Etat ;

---

[51] ORTOLAN, cité par Roger MERLE et André VITU, op. cit., p. 479.
[52] JOHV spécial du 1er septembre 1959.
[53] JOHV du 24 avril 1975, p. 289.

- des infractions connexes aux crimes et délits contre la sûreté de l'Etat ;
- des crimes et délits de droit commun, déterminés en tout ou partie par des motif d'ordre politique ou commis dans le cadre d'une activité politique.

3. Des crimes et délits des fonctionnaires dans l'exercice de leurs fonctions

C'est l'objet principal des TPR. Plusieurs fautes commises par les fonctionnaires, du moins tout agent de l'Etat ou des collectivités publiques sont visées dans la loi n°15/AL du 31 août 1959[54]. Certains textes, notamment les articles 36, 37 et 38 nouveaux de la loi suscitée vont plus loin en spécifiant : « toutes personne ». Il s'agit :

- des crimes et délits de caractère racial, régionaliste et religieux ;
- des crimes et délits relatifs à l'exercice des droits civiques ;
- de la forfaiture et des crimes et délits des fonctionnaires dans l'exercice de leurs fonctions ;
- des attentats à la liberté ;
- des coalitions des fonctionnaires contre la Constitution et les lois ;
- de l'empiètement des autorités administratives et judiciaires ;
- des abus d'autorité contre les particuliers ;
- des abus d'autorité contre la chose publique ; des soustractions commises par les dépositaires publics (par toute personne aux termes des articles 36, 37 et 38 nouveaux) ;
- des concussions commises par les fonctionnaires publics ;

---

[54] JOHV spécial du 1er septembre 1959.

- de l'ingérence des fonctionnaires dans les affaires du commerce incompatibles avec leur qualité ;
- de la corruption des fonctionnaires publics et des employés des entreprises privées ;
- de l'exercice de l'activité publique illégalement anticipée ou prolongée.

Notons que ladite loi a remplacé les dispositions des articles 109 à 131 inclus et 166 à 198 inclus du Code pénal dont elle a abrogé ipso facto les dispositions.

4. Enrichissement illicite

Notion nouvelle, diront certains. En tout état de cause, on peut en retrouver des traces dans la législation de 1967 et de 1969. Dans l'Ordonnance n°67-58/PRES du 7 novembre 1967[55], on retrouvait cette disposition : « Tout individu qui sera reconnu propriétaire, directement ou par personne interposée, des biens meubles ou immeubles excédant manifestement des facultés acquisitives ».

Dans l'Ordonnance n°69-58/PRES abrogeant celle précitée, on maintenait que : « Tout individu qui possède directement ou par personne interposée des biens meubles ou immeubles excédant manifestement ses facultés acquisitives et dont il ne peut donner aucune justification sera rendu coupable. »

On voit donc que l'enrichissement illicite n'est pas une notion si nouvelle en Haute Volta. Un texte similaire existe au Sénégal. En punissant l'enrichissement illicite, on tendrait à créer un capitalisme d'Etat. Seul l'Etat peut avoir des biens n'excédant pas ses capacités acquisitives.

Comment peut-on apprécier un enrichissement illicite ? Cette infraction peut-elle intervenir toute seule ou est-elle liée à d'autres chefs d'accusation, comme le détourne-

[55] JOHV de 1969, n° 48, p. 588.

ment ? Nous serions tenté d'avancer qu'en principe si un accusé poursuivi pour concussions, dissipations, ou prévarications n'est pas condamné pour lesdits faits, il serait peu probable qu'il soit sanctionné pour l'enrichissement illicite. En tout état de cause, l'article 39 nouveau de la loi n°15/AL du 31 août 1959 punit expressément l'enrichissement illicite.

Les dispositions de l'Ordonnance seront applicables à tous les faits soumis à la compétence du Tribunal Populaire de la Révolution, même ceux commis antérieurement à sa promulgation. C'est dire que les dispositions de l'Ordonnance **ont un effet rétroactif.**

Les faits poursuivis par les TPR sont nombreux et divers. Pour bien les sanctionner, on peut jouer sur la composition du tribunal.

II. La composition du Tribunal Populaire de la Révolution

Le Tribunal Populaire de la Révolution semble copier la Cour d'assises quant à son organisation, qui associe aux juges professionnels un élément populaire : les jurés. L'article 9 de l'Ordonnance n°84-002/CNR/PRES du 27 janvier 1984 renvoie aux dispositions du Code de procédure pénale non contraires aux siennes. La Cour d'assises, malgré ses imperfections, apparaît comme l'instrument irremplaçable de la justice pour le jugement des crimes[56]. Ainsi le Tribunal Populaire de la Révolution va ajouter aux magistrats de l'ordre judiciaire des représentants du peuple. Il faut noter que la composition du TPR a changé. Dans l'Ordonnance n°83-018/CNR/PRES du 19 octobre 1983, portant sa création, les TPR était composé de :

– trois magistrats de l'ordre judiciaire ;

[56] Emile POLLAK, op. cit., p. 62.

– trois militaires dont un gendarme ;
– dix membres des CDR[57].

Avec l'Ordonnance n°84-002/CNR/PRES du 27 janvier 1984, le Tribunal Populaire de la Révolution est composé de onze (11) membres :

1) sept membres titulaires dont :
– un magistrat de l'ordre judiciaire qui le préside ;
– un militaire ou un gendarme ;
– cinq membres des CDR ;

2) quatre membres suppléants dont :
– un magistrat ;
– un militaire ou un gendarme ;
– deux délégués des CDR.

On peut se demander pourquoi ce changement dans la composition dans un délai relativement court. Est-ce à cause du grand nombre ? Ou est-ce parce qu'on a voulu diminuer le nombre de magistrats ? La réponse semble être la méfiance envers la Magistrature, ce corps qu'on dit conservateur, alors que l'on veut tout chambouler en un temps record. Néanmoins on confie la présidence du TPR à un juge professionnel, car tout compte fait il faut un minimum de bagage juridique. Il y a toutefois une innovation dans la terminologie : les jurés ont le nom de juges. Ils participent activement à la recherche de l'infraction pénale.

Le Tribunal Populaire de la Révolution est assisté d'un greffier choisi parmi le personnel du greffe des Cours et Tribunaux. Il siège sans Ministère public ; de même que la personne poursuivie comparaît sans l'assistance d'un conseil et assure elle-même sa propre défense. Le TPR n'a pas

[57] Comité de Défense de la Révolution.

le temps à perdre à l'audition de plaidoiries sans fin, qui risqueraient de prolonger à l'infini les procès. C'est pourquoi il n'y a pas d'avocat pour la défense de l'accusé. Pour établir une sorte d'équilibre, on supprime aussi le Ministère public qui requiert pour la société et l'ordre public. Y – a-t-il réellement cet équilibre ? Si le Ministère public est absent, son rôle est par contre assuré par les juges eux-mêmes, plus spécialement les délégués des CDR, dont les interventions dépassent de bien loin les réquisitoires d'un Procureur Général. L'absence d'avocat répond-elle vraiment à un souci d'éviter la longueur et la lourdeur des procès, à travers exceptions dilatoires et autres ou provient-elle d'un désir délibéré de supprimer toute défense à l'inculpé ? Il aurait fallu être plus prudent car le droit de défense dans un procès criminel, surtout d'une telle envergure, devrait être une garantie minimale accordée à l'accusé, vu que ce dernier a tout le peuple sur le dos.

C'est peut-être pour pouvoir sanctionner plus facilement.

III. Les sanctions des TPR

Le TPR a été institué pour donner une sanction exemplaire, sinon « révolutionnaire ». Les peines sont par conséquent sévères. Dans le nouveau texte[58] comme dans les anciens[59], il est dit que les peines sont immédiatement exécutoires. On n'a pas le temps à perdre après le prononcé de la sanction. Tout individu, aux termes de l'article 12 de l'Ordonnance n°84-002/CNR/PRES, reconnu coupable sera passible de l'une ou plusieurs des peines suivantes :

---

[58] Ordonnance n°84-002/CNR/PRES du 27 janvier 1984.

[59] Ordonnance n°83-018/CNR/PRES du 19 octobre 1983 et n°83-026/CNR/PRES du 18 décembre 1983, déjà citées.

- 1° d'une expropriation partielle ou totale portant sur les biens mobiliers et immobiliers jusqu'à concurrence du montant des sommes détournées et des dommages et intérêts dus à l'Etat ;
- 2° d'une peine d'amende ;
- 3° d'une peine d'emprisonnement ferme ou avec sursis.

A. L'expropriation

On parle d'expropriation comme si le jugement rendu par le tribunal était une décision d'une autorité administrative. On aurait dû employer le mot « confiscation » comme dans l'Ordonnance n°83-026/CNR/PRES du 19 décembre 1983, portant modification de la loi relative aux crimes et délits contre la paix publique. L'expropriation, c'est donc la confiscation des biens du coupable. C'est une peine criminelle complémentaire qui ne porte que sur les biens présents du condamné à l'exclusion de ses biens futurs. En principe, ces biens demeurent grevés jusqu'à concurrence de leur valeur des dettes légitimes antérieures à la condamnation et la part de la communauté du conjoint, ainsi que les droits des héritiers réservataires, sont soustraits à la confiscation[60]. Va-t-on respecter ces principes ? En tout état de cause, l'aliénation des biens confisqués est poursuivie par l'administration des domaines dans les formes prescrites pour la vente des biens de l'Etat.

La confiscation est obligatoirement prononcée jusqu'à concurrence du montant réévalué en hausse des sommes au remboursement desquelles le coupable aura été condamné. On peut se poser une question à ce propos. Si le

---

[60] Roger MERLE et André VITU, Traité de Droit criminel – Problèmes généraux de la science criminelle – Droit pénal général, 3ème Edition, Editions Cujas, Paris, 1978.

coupable est prêt à verser en espèces ou en tout autre moyen légal le montant des condamnations pécuniaires, la confiscation est-elle toujours obligatoire ? En tout état de cause, la ratio legis de cette disposition est la volonté manifeste des autorités politiques et judiciaires de rentrer en possession des sommes ou biens détournés.

B. L'amende

Il s'agit ici de l'amende pénale, qu'il ne faut pas confondre avec l'amende fiscale prononcée non par les tribunaux répressifs mais par l'administration fiscale, ni avec l'amende civile ou disciplinaire qui échappent aux règles du droit pénal et de la procédure pénale.

C'est une sanction consistant pour celui qui y est astreint, dans l'obligation de payer à l'Etat une somme déterminée. Elle est prévue à titre de peine principale ou à titre de peine complémentaire en matières correctionnelles et criminelles.

Aux termes de l'article 36 nouveau de la loi n°15/AL du 31 août 1959 relative aux crimes et délits contre la Constitution et contre la paix publique, « toute personne qui aura détourné, dissipé, soustrait ou recélé les deniers publics et autres sera punie d'une peine d'emprisonnement égale ou supérieure à sept ans et d'une amende d'au moins 1 000 000 de francs ou de l'une de ces peines seulement ».

Si le montant du détournement n'excède pas 1 000 000 de francs, c'est un délit et la peine sera un emprisonnement de 3 mois à 7 ans et d'une amende de 50 000 francs à 1 000 000 ou de l'une de ces deux peines seulement.

La confiscation des biens intervient obligatoirement jusqu'à concurrence des sommes auxquelles le prévenu est condamné.

C. Emprisonnement

« La prison est une des plus vieilles institutions du monde. Si bien qu'aux yeux du grand public, la notion de prison résume pour l'essentiel l'idée qu'il se fait du droit pénal. Il existait déjà des prisons dans les temps préhistoriques ; il en existe toujours au vingtième siècle après Jésus-Christ[61] ».

Considérée en 1810 comme une « panacée de la délinquance », la prison n'est plus à la mode de nos jours. On pense aujourd'hui qu'il n'est pas nécessairement bon de retrancher les délinquants du monde des honnêtes gens pour les plonger pendant quelques mois ou quelques années dans un univers artificiel peuplé de crapules. Ainsi s'expliquent la faveur moderne pour le sursis avec mise à l'épreuve, la liberté surveillée, la libération conditionnelle et les régimes de semi-liberté. Mais pour certains délinquants, politiques notamment, il faut bien se résoudre à recourir à l'incarcération[62]. En tout état de cause, force-nous est de constater que l'emprisonnement a été retenu dans les TPR. Il n'est pas prononcé obligatoirement même si la culpabilité du prévenu est retenue. Le sursis est prévu ; il est destiné aux termes de l'Ordonnance n°84-002/CNR/PRES à fournir à la personne condamnée l'occasion de s'amender politiquement et socialement et d'être réinsérée dans la société.

L'article 46 de l'Ordonnance n°83-026/CNR/PRES stipule que les lois pénales en vigueur en Haute Volta restent applicables pour ce qui est des autres peines. On pourrait citer entre autres :

- l'interdiction de séjour. C'est une mesure de sûreté, complémentaire, par laquelle le séjour de certains délinquants dans la localité où ils risqueraient de

---

[61] Roger MERLE et André VITU, op. cit., p. 818.
[62] Roger MERLE et André VITU, op. cit., p. 820.

commettre de nouveaux délits ou crimes, est interdit ;
- la dégradation civique qui consiste dans la destitution de toutes fonctions, emplois ou offices publics, la privation de droits de vote, d'éligibilité, d'être juré ou témoin en justice, de jouir de certains droits familiaux.

Le TPR, comme nous venons de le voir, se singularise par son organisation. En sera-t-il de même au niveau de la procédure ?

CHAPITRE II

La procédure devant le Tribunal Populaire de la Révolution

Aux termes de l'article 4 de l'Ordonnance n°84-002/CNR/PRES, la procédure d'examen et de jugement est réglée par le titre III (de ladite Ordonnance) et par les dispositions du Code de procédure pénale **en ce qu'elles n'ont pas de contraire à l'Ordonnance.** Il faut souligner que l'Ordonnance reprend assez fréquemment sinon qu'elle transcrit les dispositions relatives à la procédure des Cours d'assises.

I. La comparution des prévenus

La procédure devant les TPR s'ouvre par la requête du Président du TPR. Les personnes poursuivies, les témoins et les parties civiles sont cités directement devant le tribunal. Les prévenus comparaissent libres et seulement accompagnés de gardes pour les empêcher de s'évader. Le délai entre le jour où la citation est délivrée et le jour fixé pour la comparution est de cinq jours francs au moins. Dans l'ancienne ordonnance, ce délai était de dix jours. La citation à comparaître contient l'exposé et la qualification légale des faits objet de la prévention. Le Président du

Tribunal peut décerner en outre ordonnance de prise de corps contre le prévenu.

Avant l'ouverture des sessions, les juges prêtent serment devant le Président du Tribunal. Ce dernier prête son serment devant le Président du CNR.

Toute la procédure repose dans le souci de juger sans complaisance et sans pitié tous ceux qui ont dilapidé les fonds de l'Etat.

II. La police d'audience

Les audiences du TPR sont publiques à l'exception de la délibération sur la culpabilité et sur la peine. Néanmoins le huis-clos peut être ordonné, par jugement rendu en audience publique, si la publicité est dangereuse pour l'ordre et les mœurs. Le Président peut interdire l'accès de la salle aux mineurs ou à certains d'eux.

Au cours de l'audience, si l'ordre venait à être troublé de quelque manière que ce soit par l'un des assistants, ou le prévenu lui-même, le Président peut ordonner son expulsion de la salle d'audience. Il assure donc la police de l'audience.

III. Les débats et la délibération

Les débats s'ouvrent par la production et la discussion des preuves après l'interrogatoire de l'accusé qui se défend lui-même car il n'a pas l'assistance d'un conseil. Une des caractéristiques essentielles de la procédure, c'est l'inversion de la charge de la preuve ; autrement dit, il revient au prévenu d'établir son innocence. La majeure partie des débats est constituée par l'audition des témoins selon les formes minutieusement fixées par la loi[63]. Tout

[63] Article 331 du Code de procédure pénale.

témoin cité doit comparaître sous peine de sanction. Il demeure que le faux témoignage est puni.

Les débats ne peuvent être interrompus et doivent continuer jusqu'à ce que la cause soit terminée par le jugement du tribunal. Cependant, ils peuvent être suspendus pendant le temps nécessaire au repos des juges et du prévenu, ou pour complément d'enquête.

Aux termes de l'article 33 de l'Ordonnance n°84-002/CNR/PRES, le Président du TPR est investi d'un pouvoir discrétionnaire en vertu duquel il peut, en son âme et conscience, prendre toute mesure qu'il croit utile pour découvrir la vérité. Ainsi, il peut au cours des débats appeler, au besoin par mandat d'amener, et entendre toute personne ou se faire apporter toutes nouvelles pièces qui lui paraissent, d'après les développements donnés à l'audience, utiles à la manifestation de la vérité.

Avant la clôture des débats, le prévenu prononce en dernière position son mémoire en défense. Le Tribunal se retire alors pour délibérer des questions écrites établies par le Président, questions qui doivent porter sur les accusations spécifiées dans la citation, circonstances aggravantes ou excuses invoquées ; ce après que le Président ait donné lecture de l'instruction suivante, qui est en outre affichée en gros caractère dans le lieu le plus apparent de la chambre de délibérations :

« La loi ne demande pas aux juges compte des moyens par lesquels ils se sont convaincus, elle ne leur prescrit pas des règles desquelles ils doivent faire particulièrement dépendre la plénitude et la suffisance d'une preuve ; elle leur prescrit de s'interroger eux-mêmes dans le silence et le recueillement et de chercher dans la sincérité de leur conscience quelle impression ont fait, sur leur raison, les preuves rapportées contre le prévenu et les moyens de sa défense. La loi ne leur fait que cette seule question, qui renferme toute la mesure de leurs devoirs : Avez-vous une intime conviction »

Après la délibération, le Tribunal vote sur les différentes questions concernant la culpabilité. Si l'accusé est reconnu non coupable, il est acquitté ; sinon il y a lieu à vote sur la peine. Le Tribunal délibère également sur les peines accessoires ou complémentaires.

En audience publique et en présence de l'accusé, le Président donne lecture des réponses faites aux questions et lit l'arrêt de jugement.

S'il y a lieu à statuer sur les intérêts civils, le TPR y procède.

Que dire de l'enquête préliminaire et de l'instruction ? En aucun endroit des textes, on en fait cas explicitement. On sait cependant qu'on a créé des Equipes Mobiles d'Investigations[64], chargées de rechercher et de recouper les renseignements sur les infractions relevant des TPR. Il s'agit là d'une mission d'enquête qui décharge en quelque sorte la Gendarmerie et qui facilite le travail des TPR. Aucun Juge d'instruction n'est désigné à cet effet. La citation étant directe, même en cas de crime, l'instruction se fait en même temps que le jugement proprement dit, puisqu'elle n'a pas pu avoir lieu avant le procès.

Ainsi se présentent en gros l'organisation et la procédure du Tribunal Populaire de la Révolution. Il nous faudrait pour être plus complet analyser comment ont été appliqués les textes sur les TPR.

---

[64] Décret n°84-008/CNR/PRES/MJ du 27 janvier 1984, portant création d'Equipes Mobiles d'Investigations ; JOHV n° 10 du 08 mars 1984.

CHAPITRE III

De quelques jugements des Tribunaux Populaires de la Révolution

Comment ont été appliqués les textes relatifs aux TPR ? Nous tenterons à travers deux jugements, étant limité dans le temps et dans l'espace, celui du Général Sangoulé LAMIZANA et celui de l'Intendant Militaire Mamadou SANFO[65], de percevoir la réalité du Tribunal Populaire de la Révolution.

---

[65] L'Intendant Militaire de 1ère Classe Mamadou SANFO, né en 1935 à Matam au Nord du Sénégal, d'un père Yarga originaire du village Ouga-Yarsé dans la province du Sanmatenga au Burkina Faso et d'une mère Toucouleur de la souche noble des Torodos de Mauritanie, est mort à Ouagadougou le 8 décembre 2007 à l'âge de 72 ans.
Appelé sous les drapeaux en service militaire obligatoire en 1954, il a été incorporé dans l'armée française pour compter du 25 février 1955 en tant que Soldat de 2ème Classe et affecté au CCSCI du DMA1 de Kaolack au Sénégal. Libéré à l'égard des Forces Armées Françaises en novembre 1961 avec le grade de Sergent, il est transféré à la CCAS du 1er Bataillon de Haute Volta (BHV), d'où il a gravi les différents grades pour terminer Intendant Militaire de 1ère Classe et Colonel.
Il a été Directeur de l'Intendance Militaire de novembre 1974 à février 1976, puis de novembre 1976 à novembre 1980. Il a aussi été Ministre des Finances de février à juillet 1976 sous la 3ème République et Ministre de l'Economie et du Plan de décembre 1980 à février 1981 sous le régime du Comité Militaire de Redressement National pour le Progrès (CMRPN), dont il était membre du Comité Directeur.

I. Le procès Sangoulé LAMIZANA

Ce procès nous intéresse à plus d'un titre. En effet, suite au renversement du régime de Monsieur Maurice YAMEOGO, le Général Sangoulé LAMIZANA avait, à sa prise de pouvoir, créé le Tribunal Spécial. Aujourd'hui, lui-même doit répondre de sa gestion devant un tribunal d'exception. C'est aussi l'homme qui est resté le plus longtemps au pouvoir parmi tous ceux qui vont passer tour à tour à la barre devant le Tribunal Populaire de la Révolution : quatorze ans, ce n'est pas quelques jours, ni quelques mois. Enfin, ce fut le premier procès du TPR. Réalisé à la date anniversaire du soulèvement populaire qui a conduit le Général LAMIZANA au pouvoir, il a marqué plus d'un Voltaïque. Au regard des raisons énoncées, ce procès revêt une importance à nos yeux.

Le Général LAMIZANA avait comme co-accusés, Didier OUEDRAOGO, Conservateur des archives nationales, Idrissa OUEDRAOGO, Conseiller des affaires étrangères, ancien Directeur du Protocole d'Etat, et Joachim ZONGO, Journaliste, ancien Directeur de la Radiodiffusion Nationale. Tous ont été de manière directe ou indirecte collaborateurs de l'ancien Chef d'Etat. Nous ne nous pencherons que sur l'affaire LAMIZANA.

L'homme converti aux affaires, toujours tout de blanc vêtu, à la barbe blanche légendaire et coiffé du béret rouge qu'il arborait avec fierté, a été Président de l'Association Unique des Anciens Combattants, Anciens Militaires, Veuves et Orphelins du Burkina Faso, de 2002 à 2007, où il a fortement contribué les dernières années de sa vie à la décristallisation des pensions des Anciens Combattants burkinabè et à l'amélioration de leurs conditions de vie.

A. Les Chefs d'accusation à l'encontre du Général Sangoulé LAMIZANA

L'ancien Chef d'Etat avait contre lui, en ce matin du 03 janvier 1984, date anniversaire de sa prise de pouvoir à la faveur d'un soulèvement populaire, les charges suivantes. Il était accusé :

- d'avoir détourné ou dissipé au préjudice de l'Etat voltaïque des deniers publics d'un montant de 447 178 960 francs CFA au titre des fonds spéciaux mis à sa disposition courant 1978 – 1980 d'une part ;
- d'avoir détourné ou dissipé des deniers publics d'un montant de 44 571 000 francs CFA mis à sa disposition au titre d'avances sur les frais de mission toujours à la même période d'autre part.

B. Les débats

Le Général LAMIZANA devait, aux termes de l'article 37 nouveau de la loi n°15/AL du 31 août 1959, justifier qu'il a fait des sommes ci-dessus un usage conforme à leur destination ou prouver le cas échéant que l'impossibilité de le faire n'a pas une origine frauduleuse ou ne lui est pas imputable.

Les débats étaient fort attendus. L'homme de qui on disait qu'il n'aimait pas l'argent est accusé de détournement de près du demi-milliard de francs CFA. A ce titre, tout le peuple attendait les justifications avec grand intérêt ; d'aucuns pensaient que l'homme poursuivi aujourd'hui, avait intervenu à quelque titre, directement ou indirectement, dans la vie de ceux-là mêmes qui aujourd'hui dirigent le pays. On brûlait donc d'impatience pour entendre quelques révélations. De surcroît, le Général LAMIZANA devait, conformément aux textes, assurer lui-même sa défense. En serait-il à la hauteur ? En serait-il capable ? Convaincrait-il le peuple qu'il n'a rien détourné de tout ce qu'on lui reproche ? Voilà autant de questions qui devaient donner au débat LAMIZANA – Peuple par l'entremise du Tribunal Populaire de la Révolution une importance sans égale.

D'emblée, le Général LAMIZANA s'est caché derrière le secret d'Etat, la pudeur et la discrétion en ce qui concerne les fonds spéciaux mis à sa disposition. « Ces fonds ont été utilisés conformément à leur destination. Je n'ai commis aucun détournement. Je n'ai pas utilisé un sou dans mon intérêt », déclara-t-il en substance. Quant aux fonds mis à disposition comme avances pour les missions, ils ont été justifiés sans grands problèmes, en ce sens que le Général LAMIZANA a donné les différents postes qui ont été couverts par ces sommes : coûts de voyages, cadeaux-souvenirs, participations aux frais de séjour, gratifications et pourboires, argent de poches pour les délégués. En ce qui concerne le premier point, le tribunal a dû demander au Général LAMIZANA de quitter le carcan du secret auquel il se sent lié et de sortir du cocon de discrétion pour livrer au peuple souverain qui le lui demande les justificatifs nécessaires.

Après de multiples tiraillements de part et d'autre et après une longue hésitation, le Général LAMIZANA consentira à citer une liste de références, en majorité des personnes morales de toutes sortes : Fédération Panafricaine du Cinéma, Jeune Afrique, Fédération des Femmes Voltaïque, Collège LAMIZANA. On sera loin de couvrir la totalité des sommes, malgré des factures frisant le néant comme 18 070 francs CFA pour deux télégrammes, 5 000 francs pour emballage à la NOVRAFRIC, ou encore 5 450 francs CFA pour des frais d'hôtel.

Incapable de compléter les justifications ou caché derrière la discrétion, le Général LAMIZANA, ému, a regardé défiler devant lui des témoins à décharge, venus délibérément reconnaître devant l'assistance qu'ils ont pu bénéficier des bienfaits du Général - Président.

Dans son mémoire en défense, les dernières explications du Général LAMIZANA ont troublé plus d'une personne dans la salle d'audience qu'est la Maison du Peuple qui n'a pas pu contenir les habitants de la capitale. Reprenant toute sa vie qu'il a utilisée au service du peuple : fondateur de l'armée, Chef de l'Etat à un moment critique, promoteur de l'Ecole des Cadets de la Révolution (ancien Prytanée Militaire du Kadiogo), cadre de formation des hautes personnalités militaires et civiles, il a ému l'assistance.

Je n'ai pas volé un franc de l'Etat, arguera-t-il, ma conscience est tranquille. Je demande à chacun de vous d'interroger sa conscience sur mon cas.

C. Le verdict du procès du Général Sangoulé LAMIZANA

C'est dans un tonnerre d'applaudissements que le verdict d'acquittement de l'ancien Président – Général a été salué.

A la question de savoir si oui ou non le Général LAMIZANA, Président de la République est-il coupable d'avoir détourné ou dissipé au préjudice de l'Etat voltaïque des deniers publics d'un montant de 447 178 960 francs CFA au titre des Fonds Spéciaux mis à sa disposition courant 1978 – 1980 ?

Le Tribunal a répondu « Non » à la majorité absolue.

A la question de savoir si oui ou non le Général LAMIZANA est-il coupable d'avoir détourné ou dissipé au préjudice de l'Etat voltaïque des deniers publics mis à sa disposition au titre d'avances pour les frais de mission courant 1978 – 1980 ?

Le Tribunal Populaire de la Révolution séant à Ouagadougou du 3 janvier 1984 au 5 janvier 1984 a répondu « Non » à la majorité absolue.

Aussi le Tribunal a-t-il prononcé le jugement suivant à son endroit.

« Le Tribunal Populaire de la Révolution séant à Ouagadougou ;

Vu la décision du TPR en date du 23 décembre 1983, portant renvoi devant les TPR du nommé LAMIZANA Sangoulé Aboubakar, détenu suivant mandat de dépôt du 4 décembre 1982, libéré provisoirement le 30 mars 1983 ;

Vu l'Ordonnance de prise de corps décerné contre ledit accusé, accusé de détournement de deniers publics et inséré dans la décision précitée ;

Vu la déclaration du TPR, de laquelle il résulte que le nommé LAMIZANA Sangoulé Aboubakar n'est pas coupable des faits qui lui sont reprochés ;

Déclare ledit accusé acquitté de l'accusation portée contre lui ;

Ordonne qu'il sera sur le champ mis en liberté s'il n'est détenu pour autre cause ;

Et laisse les dépens de la procédure à la charge du Ministère public. »

Ce fut la surprise générale, sinon la vive émotion, tant pour les Voltaïques que pour les autres peuples qui ont dû suivre avec attention particulière ce procès. En effet, d'aucuns ont pensé que le TPR est venu pour tout retirer. Or comme le fera remarquer le Président du Tribunal, ce n'est pas un tribunal de dépossession, mais une occasion donnée au prévenu de s'expliquer et de se justifier. Au-delà de cette observation, il faut noter le caractère populaire des débats tels que menés au cours du procès, où on a accepté de recueillir spontanément certains témoignages des éléments de l'assistance et même de la Maison d'Arrêt ainsi que des lettres, venus témoigner d'une manière ou d'une autre.

C'est une expérience sans précédent en Afrique. Les débats ont été d'une hauteur tel qu'on en retire beaucoup de leçons de morale éducative et politique. On a mis à nu la conception de solidarité africaine qui a certainement contribué à enfoncer le Général LAMIZANA. Il a été mis en exergue que le passage au pouvoir du Président LAMIZANA, pas très significatif, a été caractérisé effectivement par une négligence, un laisser-aller et un laisser-faire, particulièrement dans le domaine de la gestion des deniers publics. Un haut responsable de l'Etat des anciens régimes justifiera sa vie d'abondance et d'opulence par le fait qu'« il y avait à boire et à manger. »

Au-delà de ces avantages, on remarquera cependant certaines insuffisances en ce qui concerne le procès du Général LAMIZANA. Nous croyions savoir que ces procès sont avant tout politiques. On devrait surtout mettre l'accent sur l'aspect politique : remettre en cause tout le système de la société néocoloniale et exploiteuse. Sur ce plan, on peut déplorer que le procès LAMIZANA ne se soit pas attardé et arrêté sur le côté politique. Les forfaits économiques ont pris le pas sur les défaillances du système remis en cause aujourd'hui. Peut-être c'est parce que l'Etat cherche plus à rentrer dans ses droits. Le verdict du procès, même s'il a apporté un effet général de surprise et de joie, a dérouté sinon déçu quelques personnes. Le passage du Général LAMIZANA à la magistrature suprême a été pas très significatif sinon négatif. Même si sa responsabilité sur le plan financier n'est pas mise en cause, il demeure que sa responsabilité morale devrait être retenue. On s'attendrait dans le verdict par conséquent à une sanction morale, ne serait-ce que le franc symbolique, comme le soulignait quelqu'un.

En tout état de cause, ce procès aura permis au peuple de s'imprégner des rouages de la vie étatique. C'est là l'aspect éducatif du procès LAMIZANA.

II. Le procès de l'Intendant militaire Mamadou SANFO

Dans les cinquièmes assises des TPR de Ouagadougou, tenues du 24 au 26 mars 1984, nous avons retenu, en second lieu, l'affaire Mamadou SANFO. Ce procès était aussi l'un des plus attendus par le grand public. Le nombre combien grand des témoins qui ont eu à déposer traduit l'importance et la complexité des affaires que le Tribunal devait traiter.

Comparaissaient à la même barre cinq autres inculpés. Mais nous ne nous pencheront, comme précédemment, que sur l'Affaire Mamadou SANFO.

A. Les Chefs d'accusation à l'encontre de l'Intendant militaire Mamadou SANFO

L'Intendant militaire Mamadou SANFO, Ministre du Plan et de la Coopération sous le CMRPN[66] comparaissait devant le TPR de Ouagadougou pour trois principaux chefs d'accusation :

1) détournement de 1 600 000 francs CFA au titre d'enveloppes de frais de mission ;
2) fraudes fiscales d'un montant global de 450 000 francs CFA ;
3) enrichissement illicite en se servant de moyens, objets et titres de l'Etat.

[66] Le Comité Militaire de Redressement pour le Progrès National, qui a dirigé le pays du 25 novembre 1980 au 7 novembre 1982.

D'autre part, l'accusé devait donner des explications entre autres relatives :

- aux préfabriqués de l'Armée ;
- aux Land Rover de l'Armée ;
- à la Société SOVOLTENE ;
- à la société S.V.T.F.P.

B. Les débats

L'Intendant militaire Mamadou SANFO sans aucune peine a fait mettre une éponge rapidement sur le détournement et la fraude fiscale. Restait l'enrichissement illicite, qui devait occuper le plus clair du temps du procès, car comme le dira quelqu'un, c'est le procès d'un « magnat », d'un grand richard ; et d'autres points non moins importants. L'accusé donnera la genèse de ses biens. Le tribunal le fera « voyager » par la Société Voltaïque de Transport, de Fret et de Pondéreux (en abrégé S. V. T. F. P) pour aller au problème des préfabriqués de l'Armée avec la société DECO, sur toute l'étendue du territoire ; en passant par l'affaire SOVOLTENE qui a fait endosser à l'Etat la bagatelle de cinquante millions de francs CFA. Le tribunal évoquera le conflit Malo-Voltaïque où l'accusé démontrera qu'il a bel et bien été au front. Les débats reviendront à maintes reprises sur l'affaire S.V.T.F.P., qui amènera plusieurs témoins à la barre, parmi lesquels Daouda SANFO, propriétaire de la société et cousin de l'accusé, les épouses de l'Intendant militaire SANFO et son enfant, ce dernier détenant la majorité des actions de la S.V.T.F.P., bien que relativement jeune. Le tribunal tentera longuement, mais en vain, d'établir des liens entre l'accusé et la société de son cousin ; ceci à travers les marchés de l'Intendance exécutés par ce dernier. Ces débats auront en tout cas permis au peuple de connaître davantage l'accusé qui en tout état de cause sait très bien

« manier » l'argent. En ce qui concerne la société S.V.T.F.P., du côté Tribunal comme du côté accusé, les arguments n'ont pas été suffisants et convaincants.

C. Le verdict du procès de l'Intendant militaire Mamadou SANFO

Avec impatience, on attendait le verdict du procès de l'Intendant militaire SANFO, qui, il faut l'avouer, a été une sorte de labyrinthe de problèmes complexes pour le tribunal. L'accusé allait-il s'en sortir ? Le Tribunal Populaire de la Révolution a répondu à trois questions principales relatives aux chefs d'accusation.

A la question de savoir si l'accusé est coupable de détournement de la somme de 1 600 000 francs CFA, le Tribunal à la majorité absolue a répondu « Non ».

A la question de savoir s'il est coupable de fraude fiscale portant sur la somme de 425 000 francs CFA, le Tribunal à la majorité absolue a répondu « Non ».

A celle enfin de savoir s'il est coupable d'enrichissement illicite, le Tribunal à la majorité absolue a répondu « Oui ».

A la majorité, le Tribunal a statué négativement sur les circonstances atténuantes.

Aussi, le Tribunal relaxait-il l'accusé pour le détournement et la fraude fiscale. En ce qui concerne l'enrichissement illicite, il le condamnait à sept ans d'emprisonnement dont un an ferme ; à 500 millions de francs CFA d'amende. Le Tribunal a prononcé la confiscation de ses biens jusqu'à concurrence du montant des condamnations pécuniaires. Par délibération spéciale, il a dispensé l'accusé de la peine complémentaire d'interdiction de séjour.

Verdict satisfaisant ou sévère ? En tout cas, il aura laissé perplexes plus d'une personne. Les uns diront que l'amende est juste car elle correspond aux facultés acquisitives de l'Intendant militaire SANFO que beaucoup considèrent comme un « magnat ». D'autres, au contraire, rétorqueront qu'elle est très sévère. Pour notre part, la sanction a pour missions essentielles de faire expier le forfait commis par le coupable, de le dissuader de ne plus recommencer et d'intimider d'éventuels candidats qui seraient tentés d'emboîter ce pas. Il nous semble que l'emprisonnement de sept ans et l'amende de 500 millions de francs CFA sont élevés et excessifs, surtout que l'accusé ne paraît pas visiblement avoir commis de fautes de gestion. Pour l'emprisonnement, il est dit un an ferme, ce qui suppose que le reste est avec sursis ; c'est plus réaliste. Mais 500 millions de francs d'amende paraissent considérables. La peine perd son sens, surtout que le Tribunal n'a pas réussi à établir de façon convaincante l'enrichissement illicite.

Le critère d'appréciation de cette infraction est très peu objectif, il est plutôt subjectif. Il fallait être plus prudent et clément dans la sanction, car le TPR n'est pas un tribunal de dépossession. En tout état de cause, le Tribunal a statué à sa manière et il y a l'autorité de la chose jugée, qui marque la souveraineté du Tribunal. Sauf que la clémence du Chef de l'Etat peut intervenir quelquefois en accordant la grâce, car les jugements du TPR sont rendus en premier et dernier ressorts.

A travers cette approche nouvelle de la justice que nous avons tenté de dégager par l'organisation, la procédure et deux jugements des TPR, notre pays semble se singulariser. Il lance un défi à la justice classique. Va-t-il réussir ou plutôt l'approche proposée est-elle exempte de toute critique ?

III. Quelques images des TPR

Procès LAMIZANA

Les juges au cours de la cérémonie d'ouverture des TPR, le 3 janvier 1984 : au premier plan, les magistrats ; en arrière-plan, les délégués CDR.

Une vue du Tribunal qui a jugé le Général LAMIZANA.

Le Général LAMIZANA face au peuple. À ses côtés les autres accusés : le Directeur de la radio, le Directeur du protocole d'État et le Directeur des archives.

Le Général LAMIZANA pendant une suspension de séance.

La Maison du peuple s'est révélée très petite :
une bonne partie de la foule a dû suivre le procès dans la cour.

La lecture du verdict du TPR
par le Président du Tribunal Alidou OUEDRAOGO.

Le Général LAMIZANA écoute le verdict du peuple.

Le Tribunal qui a jugé l'Intendant SANFO.

L'Intendant SANFO, debout, s'explique. Assis, les autres accusés.

L'Intendant SANFO à l'écoute du Tribunal.

L'Intendant SANFO toujours à l'écoute du Tribunal.

DEUXIÈME PARTIE

Les Tribunaux Populaires de la Révolution, une conception non encore élaborée

Dès la publication de l'Ordonnance portant création des TPR et de celle fixant la procédure, les critiques ont fusé de part et d'autre sur tel ou tel point des textes. Ces critiques sont-elles fondées ? En tout cas, le nombre élevé de modifications et d'innovations intervenues nous font répondre par l'affirmative. En ce qui nous concerne, nous pouvons relever des insuffisances quant aux principes de droit et quant aux hommes qui doivent appliquer les textes sur les TPR.

TITRE I

Les lacunes au niveau des principes de droit

CHAPITRE I

Les principes violés

Les Tribunaux d'exception s'embarrassent peu de juridisme et de formalisme classiques. On leur reproche souvent la violation des principes de droit, que beaucoup à tort ou à raison considèrent comme immuables.

I. La rétroactivité

La date de publication d'une loi prend toute son importance au regard des situations juridiques qu'elle affecte. Une loi nouvelle modifiant en une certaine matière une loi ancienne, quels seront les domaines respectifs de chacune d'elles : la loi nouvelle régira-t-elle les seuls rapports juridiques nés après elle, ou rétroagira-t-elle sur ceux déjà constitués lors de sa publication ? L'article 2 du Code civil règle cette question en énonçant que : « La loi ne dispose que pour l'avenir ; elle n'a point d'effet rétroactif. »

En fait cet article énonce deux principes qui se complètent :

– le principe de la non-rétroactivité des lois : la loi n'a point d'effet rétroactif ;
– le principe de l'application immédiate des lois : la loi nouvelle régit l'avenir seul.

Ce qui nous intéresse, c'est le problème de la rétroactivité posé par l'article 15 de l'Ordonnance n°84-002/CNR/PRES du 27 janvier 1984, qui stipule que : « Les dispositions de la présente ordonnance seront applicables à tous les faits soumis à la compétence du TPR, même commis antérieurement à sa promulgation. » Il y a aussi l'article 2 de l'Ordonnance n°83-027/CNR/PRES du 18 décembre 1983, portant modification de la loi relative aux crimes et délits contre la Constitution et la paix publique, qui dispose que : « la présente ordonnance visant les infractions ci-dessus énumérées porte effet rétroactif. »

D'emblée, ces dispositions paraissent choquantes, car, d'une part il serait déraisonnable de donner des ordres pour le passé, d'autre part il serait contraire à l'équité de voir un acte accompli pendant qu'il était licite par exemple, devenir après coup illicite. Par ailleurs les rapports juridiques ne peuvent s'établir que dans un climat de stabilité, de sécurité qui ne serait évidemment pas réalisé si une rétroactivité possible des lois laissait planer une menace permanente de perturbation. L'application du principe de non-rétroactivité comporte néanmoins trois catégories d'exception : les lois pénales moins sévères, adoucissant les peines ; les lois de compétence et de procédure ; les lois interprétatives.

Mais nous devons souligner que ce principe ne s'impose qu'aux seuls juges[67] et non au législateur. Ce dernier peut toujours édicter des dispositions ayant effet rétroactif, et il le fait d'ailleurs assez souvent sous la poussée de circonstances, en matière économique ou sociale

---

[67] Toutefois le Conseil d'Etat – mais non la Cour de Cassation - admet qu'une portée rétroactive soit attribuée à une loi bien qu'elle ne soit pas prévue expressément, si à défaut d'une telle portée cette disposition législative devrait demeurer sans effet. (Voir notamment GAZ. PAL n° 355 à 357, 22/23 décembre 1955).

spécialement[68]. C'est ce qui fait qu'il faut être prudent pour attaquer les Ordonnances sur les TPR, notamment en ce qui concerne la rétroactivité. En tout état de cause, nous pensons que la rétroactivité doit être exceptionnelle ; il ne faut l'appliquer qu'en dernière issue. Un bon législateur doit l'éviter autant que possible.

La rétroactivité des dispositions des TPR est renforcée par l'imprescriptibilité des infractions.

II. L'imprescriptibilité des infractions

La prescription est l'écoulement d'un laps de temps qui met fin à l'action publique. Elle est fondée sur le fait qu'il faut oublier et pardonner une infraction après un long écoulement du temps si elle n'a pas été poursuivie.

Le Code de procédure pénale en ses articles 7, 8 et 9 fixe la prescription respectivement à dix ans en matière criminelle, à trois ans en matière de délit et à un an en matière de contravention.

L'article 2 de l'Ordonnance n°83-027/CNR/PRES du 18 décembre 1983 dispose que : « La présente ordonnance porte effet rétroactif et abroge toutes les dispositions antérieures contraires, notamment celles portant sur la prescription de l'action publique ».

L'imprescriptibilité des infractions vient renforcer la rétroactivité ; les deux notions sont d'ailleurs complémentaires. Si on laissait courir la prescription, la rétroactivité ne jouerait pas à plein.

L'imprescriptibilité aggrave la situation des accusés, car l'écoulement du temps ne permet pas d'effacer l'infraction. Mais il faut souligner que les juges des TPR

---

[68] André FAUTSCH, Manuel de droit public et privé, 3ème Edition, Imprimerie Meyerbeer, Nice, 1965.

tiennent compte de la prescription. Ils apprécient les infractions « depuis temps non prescrit ».

L'accusé n'est aucunement favorisé devant les TPR ; la charge de la preuve lui incombe aussi.

III. La charge de la preuve

Le but de tout procès classique est de transformer les soupçons qui servent de fondement à la poursuite en certitude suffisante pour prononcer la condamnation. Quand l'accusation ne parvient pas à établir l'infraction dans ses divers éléments constitutifs et prouver la culpabilité, l'accusé ou le prévenu doit être acquitté. « Actori incumbit probatio », en d'autres termes la charge de la preuve pèse sur le demandeur. L'accusé n'est pas obligé d'établir son innocence par des preuves complètes ; il suffit qu'il crée un doute suffisant empêchant le juge de parvenir à une certitude. On dit donc que « in dubio pro reo », c'est-à-dire que le doute profite à l'accusé.

Mais devant le TPR, la charge de la preuve est renversée. En effet cela ressort du texte de l'Ordonnance n°83-027/CNR/PRES du 18 décembre 1983. L'article 37 nouveau de la loi n°15/AL du 31 août 1959 stipule que :

« Toute personne qui se trouvera dans l'impossibilité de représenter les deniers, pièces, titres, actes, effets et objets mobiliers qui étaient entre ses mains, en raison de ses fonctions, ou de justifier qu'il en a fait un usage conforme à leur destination, sera coupable de détournement et de dissipation, sauf à l'intéressé de prouver que cette impossibilité n'a pas une origine frauduleuse, ou ne lui est pas imputable. »

Les termes de cet article sont assez graves. Ils établissent une présomption de culpabilité à l'encontre de tous ceux qui, en raison de leur fonction, n'auraient pas apporté des justificatifs de leurs dépenses ou même de leurs biens.

Ils sont même assez dangereux car sur tout le monde pèse une présomption d'enrichissement illicite. Si on ne parvient pas à prouver la cause licite de son avoir, on est coupable. Avec cet article, on pourrait conduire toute la population voltaïque, du moins sa quasi-totalité, à Yonko[69].

Il aurait fallu être plus prudent dans la rédaction de cet article. La situation de l'accusé se détériore en plus quand on sait qu'il n'a pas d'avocat à sa disposition pour sa défense.

IV. Le droit de défense

L'article 8 de l'Ordonnance n°84-002/CNR/PRES du 27 janvier 1984[70] dispose : « Le TPR siège sans Ministère Public de même que la personne poursuivie comparaît sans l'assistance d'un avocat et assure elle-même sa défense. »

On a voulu par-là éviter les longues plaidoiries et les exceptions dilatoires qui alourdiraient sans fin la procédure devant les TPR. Mais cela choque plus d'un juriste, car le droit de la défense reconnu à l'accusé est une vieille garantie qui remonte à l'« Habeas Corpus », même si à certains moments de l'histoire on a été très réticent à l'endroit des avocats[71]. Devant les TPR, les accusés comparaissent donc sans avocat et se défendent eux-mêmes.

L'avocat est un auxiliaire de la justice ; donc sa fonction consiste à faciliter la tâche des juges et des

[69] C'est la Maison d'Arrêt de Ouagadougou.

[70] Article 8 également de l'Ordonnance n°83_018/CNR/PRES du 19 décembre 1983, JOHV n° 7 du 16 février 1984, p. 162.

[71] La répugnance des révolutionnaires de 1789 à l'égard des avocats se manifesta par l'interdiction aux hommes de lois de former une corporation et de porter un costume particulier dans leurs fonctions.

justiciables. Il contribue énormément dans la recherche de la vérité au cours du procès. Son rôle est très important quand on sait que les concepts juridiques, souvent très complexes, ne sont pas très bien appropriés par les profanes. Même si on le perçoit comme le défenseur des voleurs et des grands criminels, c'est aussi et surtout l'asile de l'orphelin, de la veuve, la consolation de ceux qui souffrent et l'espoir de ceux qui ont faim et soif de justice.

Il contribue à l'édification d'une société nouvelle ; à travers ses plaidoiries, il est souvent précurseur des changements profonds des lois antisociales et dépassées. Supprimer donc l'avocat dans les TPR, c'est pour notre part méconnaître le rôle positif de celui-ci et laisser l'accusé à lui-même. L'inculpé se trouvera seul entre deux mondes qui ne sont pas à mesure la plupart du temps de le comprendre et de l'aider : d'un côté le peuple qui demande qu'on lui rende justice ; de l'autre côté le tribunal qui doit répondre aux exigences du peuple.

On objectera qu'il y a équilibre parce que le Ministère Public aussi est absent. Mais c'est oublier que le rôle de ce dernier est bien rempli par les délégués CDR au sein du tribunal et souvent même par le Président du Tribunal Populaire de la Révolution avec toute la perfection.

D'autres mesures vont venir aggraver la situation de l'accusé.

CHAPITRE II

Les autres lacunes des TPR

Les textes sur les TPR ne laissent aucune chance aux accusés. La loi n'est pas faite pour punir uniquement, elle doit pouvoir éduquer et sensibiliser les citoyens en vue de prévenir les infractions. Sans tous ces aspects, la loi présente des lacunes.

I. Les voies de recours

L'article 10 de l'Ordonnance n°84-002/CNR/PRES du 27 janvier 1984 stipule : « Les décisions des TPR sont rendues en premier et dernier ressorts. Elles peuvent cependant faire l'objet d'un recours en grâce. »

Les voies de recours sont des moyens mis à la disposition des parties pour obtenir un nouvel examen de leurs affaires. C'est le seul moyen pour attaquer un acte juridictionnel parce qu'il n'y a pas en principe des voies de nullité principale pour un jugement. Les voies de recours permettent donc de constater la régularité formelle d'un jugement et de la procédure, et de remettre en cause le jugement du procès quant au fond. Ces moyens de procédure par lesquels les parties obtiennent qu'on statue à nouveau sont : l'appel, l'opposition, la tierce opposition, la requête civile et le pourvoi en cassation.

La ratio legis des voies de recours, c'est que même l'homme le plus consciencieux, le plus intelligent peut se tromper ; ainsi la décision du juge peut être incomplète et même injuste. Pour éviter les graves erreurs, pour les réparer, on a instauré les recours.

Le TPR, considéré comme l'émanation du peuple, n'a pas de recours. Il est souverain, donc il ne peut pas se tromper.

C'est une chose inadmissible, quand on sait que tout l'arsenal administratif et judiciaire est mis en œuvre pour aboutir à la culpabilité des accusés. Les risques d'erreurs sont nombreux. Il aurait fallu instituer un recours, ne serait-ce que la voie de cassation et dicter des conditions sévères et strictes. Personne ne détient l'apanage de la vérité.

En tout cas, le TPR est souverain dans ses décisions. On ne peut les attaquer que par le recours en grâce au Président de la République. C'est aussi dangereux que de faire dépendre toute décision judiciaire de la volonté d'un seul homme. Puisque les procès du TPR visent à retrouver la vérité, on aurait dû prévoir une procédure pour réexaminer les procès si des faits venaient à prouver que le tribunal s'est trompé.

II. L'instruction

En principe, un procès criminel n'est pas porté directement devant la juridiction chargée de prononcer la sentence, ou juridiction de jugement. Il est auparavant instruit par une juridiction chargée de constater les circonstances de l'infraction et d'en rechercher les preuves. La procédure d'instruction est inquisitoire ; elle est en outre écrite, non publique et non contradictoire.

Les textes des TPR ne font pas cas d'instruction préparatoire. D'ailleurs l'article 7 de l'Ordonnance n°84-

002/CNR/PRES stipule que les personnes poursuivies, les témoins et parties civiles seront directement cités à comparaître devant les TPR. Cette disposition abroge celle de l'article 76 du Code de procédure pénale qui lui est contraire. L'article 76 dispose en effet : « L'instruction préparatoire est obligatoirement en matière de crime ».

Nous savons par ailleurs qu'il existe des Equipes Mobiles d'Investigations, (EMI) chargées de rechercher les infractions relatives à la compétence des TPR. Nous pouvons assimiler leurs tâches à l'enquête préliminaire confiée aux Officiers de Police Judiciaire (OPJ) et non à l'instruction qui nécessite un Juge d'instruction.

Cela défavorise l'accusé. S'il y avait une instruction, il saurait d'avance ce qu'on lui reproche. Avec la citation directe, beaucoup d'accusés ne prennent connaissance de leurs chefs d'accusation que cinq jours avant le procès et souvent même dans un délai moindre. Il faut signaler que le délai de citation est très court ; ce qui ne permet pas aux accusés de bien se préparer pour leur défense.

III. Les peines

Les articles 36, 37, 38 et 39 nouveaux de la loi n°15/AL du 31 août 1959 fixent les peines pour les individus reconnus coupables des faits soumis à la compétence des TPR.

Si le montant du détournement ou dissipation n'excède pas 1 000 000 de francs, c'est un délit et la peine sera un emprisonnement de 3 mois à 7 ans et une amende de 50 000 francs à 1 000 000 de francs ou de l'une de ces deux peines seulement. Quand le montant est supérieur à 1 000 000 de francs, c'est un crime ; la peine d'emprisonnement est égale ou supérieure à 7 ans, et l'amende d'au moins 1 000 000 de francs.

En matière de crimes, la formulation des peines est très dangereuse, elle est même arbitraire. Il y a des minima fixés et pas de maxima. Le justiciable est jeté à la libre appréciation du tribunal quant au plafond des peines. Il aurait fallu fixer un maximum pour l'emprisonnement et un maximum aussi pour l'amende, ou tout au moins un pourcentage par rapport à la somme détournée.

IV. L'applicabilité des ordonnances des TPR

En haute Volta, il existe un texte qui régit l'applicabilité des lois, ordonnance et textes réglementaires. Il s'agit de l'Ordonnance n°75-23/PRES du 6 mai 1975[72]. L'article 2 de l'Ordonnance précitée dispose que les lois et ordonnances, ainsi que les actes réglementaires deviennent exécutoires sur tout le territoire de la République huit jours francs après leur publication au Journal Officiel. Par ailleurs, il y a une procédure d'urgence de publication qui se fait par voie d'affichage dans les Préfectures et Mairies, de communiqués officiels radiophoniques et de publication dans la presse quotidienne.

Il n'y a pas eu d'affichages dans les Préfectures et Mairies pour parler de procédure d'urgence. Les premiers textes sur les TPR ont paru dans le Journal Officiel le 16 février 1984[73]. Le premier procès du TPR a eu lieu le 3 janvier 1984. Si nous prenons en compte l'esprit de l'Ordonnance précitée, les textes des TPR ne devraient être applicables qu'après le 16 février 1984. En principe, tous les jugements avant cette date sont entachés de vice ; on pourrait les attaquer.

Peut-être que cela est arrivé par négligence ou même par ignorance. S'il faut s'insurger contre la légalité dite

---

[72] JOHV n°22 du 29 mai 1975, p.385.

[73] JOHV n°7 du 16 février 1984, pages 102, 103, 107 et 108.

« bourgeoise » et « réactionnaire », on doit instaurer une légalité « révolutionnaire ».

Si au niveau des principes de droits, l'accusé n'est pas en bonne posture, il faut examiner si les hommes qui ont la charge de le juger présentent une garantie de bonne justice.

TITRE II

Les hommes qui rendent la justice

Le Tribunal Populaire de la Révolution est composé de juges professionnels et d'éléments tirés du peuple, à l'image de la Cour d'assises.

CHAPITRE I

Les juges professionnels

La composition du TPR a été modifiée. Cette modification ressort de deux textes.

I. L'Ordonnance n°83-018/CNR/PRES du 19 octobre 1983

Aux termes de cette ordonnance, le TPR se composait de :

– trois magistrats de l'ordre judiciaire ;
– trois militaires dont un gendarme ;
– dix membres des CDR.

On a un total de seize juges dont trois seulement sont de l'ordre judiciaire. L'impartialité ne pourra pas toujours jouer quand on sait que les délégués CDR sont en quelque sorte des représentants de l'organe politique. A ce titre, il n'est pas écarté qu'ils reçoivent des directives du pouvoir central avant les procès. Les juges professionnels sont minoritaires, car aux délibérations on passe aux votes. Sans eux, il y a déjà une majorité qui peut se dégager.

Avec trois juges professionnels, l'accusé avait cependant une certaine garantie ; mais avec le nouveau texte, sa situation semble s'aggraver.

II L'Ordonnance n°84-002/CNR/PRES du 27 janvier 1984.

Avec ce texte, la composition du Tribunal va passer à :

- un juge de l'ordre judiciaire ;
- un gendarme ou un militaire ;
- cinq membres des CDR.

Cette nouvelle composition ne semble pas améliorer la situation des accusés. Il n'y a qu'un juge professionnel qui est « noyé » par les six juges non professionnels. On peut avancer que si le juge n'est pas impartial, l'accusé est laissé à lui-même puisque les membres des CDR en tant que représentants de l'exécutif vont intervenir à son encontre.

Le juge professionnel a plus d'un rôle, car le gros du travail lui incombe. A lui seul, il doit présider le tribunal, diriger les débats, veiller à la police de l'audience et surtout faire comprendre aux autres juges tous les problèmes de droit qui seront traités au cours du procès. A trois la tâche semblait plus facile et moins lourde. Il aurait fallu augmenter le nombre de juges professionnels pour faciliter la tâche du tribunal.

CHAPITRE II

Les juges non professionnels

A l'image de la Cour d'assises avec les jurés, des juges non professionnels participent au jugement des Tribunaux Populaires de la Révolution avec un effectif différent suivant les textes considérés.

I. L'Ordonnance n°83-018/CNR/PRES du 19 octobre 1983

Dans l'Ordonnance originale, le nombre des juges non professionnels était de treize dont deux militaires et un gendarme. Si on a tenu à simplifier la procédure en éliminant avocat et Ministère Public, il est très difficile de comprendre un chiffre aussi élevé. Il faut souligner que les délégués des CDR et même le Président du Tribunal, semblent prendre la place du Ministère Public absent. Certaines interventions feraient de très bons réquisitoires, qui dépassent de loin ceux qu'on a coutume d'entendre, et qui ne sont dignes que des excellents Procureurs de la République.

On a tenu à introduire dans le tribunal des hommes en tenue (militaires et gendarmes) on ne sait pour quelle raison. Nous saisissons mal pourquoi cette distinction a été créée. Dans l'armée aussi il y a des CDR ; il aurait fallu les inclure dans les membres des CDR. Sinon, on serait tenté de penser qu'il y a deux mondes : d'un côté le peuple et de l'autre l'armée.

II. L'ordonnance n°84-002/CNR/PRES du 27 janvier 1984

Dans ce texte, l'effectif des juges non professionnels a diminué sensiblement. On a six représentants du peuple dont un gendarme ou un militaire. Tout le problème qui se pose, c'est qu'ils vont noyer l'unique magistrat de l'ordre judiciaire. Sans formation juridique, ils ne pourront pas cerner les problèmes soulevés, dans tous leurs aspects. Il faut souligner que leur formation idéologique et politique n'est pas très poussée ; souvent elle est inexistante. Ils risquent de se contredire beaucoup au cours des débats. Les procès étant politiques, il leur sera beaucoup plus difficile de faire remettre en cause le système attaqué et décrié aujourd'hui, car il faut à cet effet des arguments solides.

La composition du Tribunal a un impact sur le déroulement du procès, particulièrement sur le verdict. Les premières assises des TPR qui ont été réalisées sous l'empire de l'Ordonnance n°83-018/CNR/PRES du 19 octobre 1983, semblent plus clémentes que celles effectuées sous l'emprise de l'Ordonnance n°84-002/CNR/PRES du 27 janvier 1984. Nous l'avons déjà souligné ; le nombre de juges professionnels a diminué. Il y a donc un certain déséquilibre entre les parties aux procès.

Les TPR présentent en tout cas quelques insuffisances quant aux hommes qui appliquent les textes. L'impartialité et l'indépendance, garantes de l'administration d'une bonne justice, ne sont pas effectives. Il ne demeure pas moins que les TPR constituent une « bonne école », selon les propos mêmes de plusieurs accusés.

CONCLUSION

Parvenu presqu'au terme de notre réflexion sur « les TPR et les Droits de l'Homme », nous voudrions faire ressortir les grandes étapes de notre analyse pour ensuite dégager quelques propositions.

Nous avons essayé d'esquisser en quelques pages l'histoire des Droits de l'Homme et la difficulté qu'il y a à concilier les différentes conceptions, qu'elles soient libérales, marxistes ou spécifiquement africaines.

Nous nous sommes ensuite attardé sur les TPR, en tant que juridiction d'exception, qui sont porteurs d'une philosophie nouvelle des droits de l'homme. Ils véhiculent un message qu'il n'est pas facile de comprendre. Et nous avons achevé notre étude par les lacunes que présente cette approche nouvelle.

Notre analyse serait incomplète si, à l'issue de ce qui précède, nous omettions de faire des suggestions, dans le sens d'une critique constructive, en vue d'améliorer cette institution. Il faut souligner d'emblée que le TPR n'est pas quelque chose de totalement négatif ; il revêt même nombre d'aspects positifs. A ce propos, nous affirmons avec force qu'il faut faire preuve de probité intellectuelle et reconnaître l'aspect sociopolitique des TPR. A l'inverse, c'est faire montre de myopie intellectuelle en voyant dans les TPR une limpide perfection. Les TPR ont permis en tout cas à tout le peuple de tirer les leçons de morale sociopolitique de vingt-trois années d'indépendance dans l'errance politique. Ils nous ont permis de voir les « grands d'hier » vivre un certain repentir et faire leur autocritique devant le peuple. Humilité, modestie et soumission au peuple sont les leçons à tirer pour l'avenir par les dirigeants actuels.

S'agissant des propositions, nous avons retenu quelques idées qui ne sont pas aussi extraordinaires qu'on pourrait l'espérer.

S'il est vrai que l'assistance d'un conseil à l'accusé risque d'alourdir la procédure, ce dont nous ne sommes pas totalement convaincu, il serait cependant souhaitable d'associer les avocats à cette œuvre fondamentale de la Justice. Ils ont eux aussi leur place dans ces procès pour la recherche de toute la vérité, car ils sont une composante du peuple. A défaut d'avoir explicitement la présence de l'avocat pour le conseil des accusés, on aurait gagné à l'inclure dans la composition des TPR et même à rassembler dans le tribunal les différentes couches sociales tels les médecins, les enseignants, les commerçants, les paysans, les journalistes, les prêtres, qui certes représentent des intérêts divergents ; mais qui, à travers un débat d'idées, amèneront une vérité plus objective. Ce serait une précaution et une garantie supplémentaires pour une saine administration de la justice. Nous pensons qu'avec une telle composition du tribunal, les verdicts refléteront davantage la réalité des débats. Peut-être qu'un pas en avant serait fait si les TPR motivaient leurs décisions, ce qui éviterait aux verdicts de présenter le caractère d'oracles, parfois contraires à la vérité la plus élémentaire.

Mais nous reconnaissons qu'une telle réforme alourdirait la tâche du Tribunal. Il serait beaucoup plus prudent aussi, à l'étape présente de l'évolution du pays, d'instaurer un recours, ne serait-ce que la cassation pour s'assurer de la légalité des actes posés par le TPR. Il faut à tout prix asseoir une légalité « révolutionnaire ».

La quatrième infraction soumise à la compétence des TPR porte sur l'enrichissement illicite. Il faut dire que tous les cas retenus pour ladite incrimination n'ont pas été convaincants. Le tribunal devrait respecter l'esprit de l'article 38 nouveau de la loi n°15/AL du 31 août 1959, qui prévoit le montant de l'enrichissement illicite inférieur ou supérieur à 1 000 000 de francs. Dans le premier cas, c'est un délit ; dans le second cas un crime. Le Tribunal devrait pour notre part établir et apprécier le montant de l'enrichissement illicite avant de donner la sanction. Ce serait inique de sanctionner sans avoir au préalable précisé la faute de l'accusé.

Quant aux sanctions, il est prévu l'emprisonnement et l'amende. L'amende se justifie quand on veut restituer au peuple tout ce dont il a été spolié, avec la réserve qu'il faudrait fixer des maxima pour offrir un minimum de garantie à l'accusé. Mais l'emprisonnement laisse perplexe. Nous nous demandons si la sanction sera efficace, surtout pour certains condamnés qui pourraient à plus d'un titre offrir leurs bras et leur intelligence pour la reconstruction nationale. Le risque de former des hommes ratés après l'emprisonnement demeure grand quand on sait que rien n'y est prévu pour resocialiser et rééduquer les condamnés, du moins ceux qui sont encore récupérables. Est-ce l'honneur d'un pays de voir tous ses dirigeants passer en prison après l'exercice du pouvoir étatique. On gagnerait pour notre part à éviter autant que possible l'emprisonnement.

La Justice est l'affaire de tous. Tout le peuple doit la comprendre dans tous ses contours. Pour ce faire, il faut une information objective, juste et saine. On pourrait prévoir un service de presse judiciaire pour éviter les déformations des comptes rendus des procès. A ce propos, il serait intéressant d'avoir des journalistes spécialisés dans les questions juridiques et judiciaires.

On a créé des Tribunaux Populaires de la Révolution dans le ressort de tous les Tribunaux de Première Instance. Nous pensons que c'est un peu trop. D'ailleurs avec Ouagadougou et Bobo-Dioulasso, on a déjà nombre de problèmes pour le bon déroulement des procès. Au risque d'éparpiller les énergies, ce qui aurait un impact négatif sur la qualité des procès, on gagnerait à concentrer tous les efforts sur les TPR de Ouagadougou et de Bobo-Dioulasso.

Ce sont là quelques propositions que nous ne prétendons pas magiques. Elles présentent aussi leurs limites.

Que dire des TPR ? Violent-t-ils les Droits de l'Homme ? Nous avons si longtemps débattu du problème qu'il nous semble inutile de nous répéter. Mais il nous faudrait cependant ajouter qu'il serait hâtif de porter une appréciation objective et définitive sur les TPR. Ils ont encore du chemin à parcourir. A travers cette juridiction, notre pays est à la recherche d'une nouvelle forme de justice, une justice qui pour être crédible doit être à l'image de la société voltaïque. Notre peuple doit se reconnaître en elle. Les TPR constituent, de ce point de vue, un défi à la justice classique. Ce défi peut-il être relevé ? Seule l'histoire pourra répondre. S'il est difficile de jouer au prophète, cependant, d'ores et déjà, on peut répondre par l'affirmative, car c'est le pari non d'un homme mais de tout un peuple. Or les peuples ne passent pas, ils demeurent : ils tombent mais se relèvent toujours. Dans ce pari, le magistrat a un rôle important à jouer. Le juge de la stabilité va devenir le juge du mouvement. Le juge de l'immobilisme va devenir le juge de l'initiative. Il doit s'habituer à voir lucidement le nouveau visage du monde, au risque de perdre le contact avec les hommes de son temps.

Avec les TPR, le problème de l'avenir de notre magistrature est posé. Quelle sera la nouvelle tâche du juge ? Comment se manifestera son indépendance ? Il est prématuré de répondre, car si les hommes mettent souvent du temps pour mourir, les civilisations et les institutions mettent plus de temps encore pour naître et laisser apparaître leur vrai visage.

Les TPR répondent à un souci de rendre justice au peuple voltaïque et partant aux citoyens voltaïques sans aucune exception. Il serait souhaitable, dans ce sens, de donner la parole à tous les « dégagés » de la Fonction Publique pour apprécier cet acte sans aucun recours et pour éviter l'arbitraire. Un Commissaire du Gouvernement viendrait exposer les motifs qui ont amené le Gouvernement à prendre la mesure de dégagement, et l'intéressé aura à se défendre. Ce serait que justice rendue au peuple et aux citoyens honnêtes. Si à l'avenir, les TPR montraient leur efficacité, ne serait-il pas bon d'envisager leur institution comme juridiction ordinaire ? Si les TPR peuvent contribuer à réaliser le bonheur du peuple voltaïque dans la paix, l'honneur, la dignité humaine et la justice, nous pensons qu'il soit légitime de les institutionnaliser. Notre pays pourrait se faire l'honneur de proposer aux autres peuples épris de justice et de paix sa nouvelle approche de la Justice, de l'Homme et de ses Droits.

ANNEXES

ANNEXE n°1. Circulaire n°45/PRES du 4 décembre 1962

Circulaire n°45/PRES

Le Président de la République
Président du Conseil des Ministres
A
Tous Ministres

Il m'est revenu qu'à plusieurs reprises certaines autorités constituées avaient négligé de saisir les tribunaux compétents au moment de la constatation des malversations commises par un de leurs subordonnés dans l'exercice de ses fonctions.

Cette indulgence coupable explique que de nombreux agents de notre Fonction Publique s'adonnent encore couramment à des pratiques malhonnêtes grâce auxquelles ils s'approprient les deniers de l'Etat ou ceux des administrés.

Pour mettre un terme à ces errements, je prescris désormais à chaque Ministre de veiller, sous sa responsabilité personnelle, à ce que tous ceux de leurs agents qui commettront des actes délictueux dans l'exercice de leurs fonctions soient impitoyablement livrés à la justice.

En ce qui concerne plus particulièrement le Ministre de la Fonction Publique, il devra se considérer comme lié par les instructions qui précèdent pour tous les dossiers qui lui seront communiqués par les autres Départements pour le prononcé de sanction.

Il soumettra automatiquement aux autorités judiciaires tous les cas douteux qui n'auront pas encore fait l'objet de poursuite. Un exemplaire de la correspondance par laquelle il saisira le Procureur de la République me sera transmis, une ampliation étant communiquée au Ministre intéressé.

Ouagadougou, le 4 Décembre 1962
Maurice YAMEOGO

ANNEXE n°2. L'Ordonnance n°83-018/CNR/PRES du 18 octobre 1983, portant création des Tribunaux Populaires de la Révolution.

REPUBLIQUE
DE HAUTE-VOLTA
Unité – Travail – Justice

CONSEIL NATIONAL
DE LA REVOLUTION

PRESIDENCE
DE LA REPUBLIQUE

ORDONNANCE N° 83-018/CNR/PRES
portant création de Tribunaux
Populaires de la Révolution.

LE PRESIDENT DU CONSEIL NATIONAL
DE LA REVOLUTION
CHEF DE L'ETAT

VU La Proclamation du 4 Août 1983 ;

VU l'Ordonnance n°83-001/CNR du 4 Août 1983 ; portant création du Conseil National de la Révolution ;

VU le Décret n°83-021/CNR/PRES du 24 Août 1983 portant Composition du Gouvernement de la République de Haute-Volta ;

VU l'Ordonnance n°83-022/CSP/PRES du 18 Mai 1983 portant création d'une Cour Spéciale ;

ORDONNE :

<u>ARTICLE Ier</u>. - Il est créé un Tribunal Populaire de la Révolution dans le ressort de chacune des Cours d'Appel de Haute-Volta. Le siège en est fixé respectivement à Ouagadougou et à Bobo-Dioulasso.

<u>ARTICLE 2</u>.- Le Tribunal Populaire de la Révolution a compétence pour connaître :

- Des crimes et délits politiques.
- Des crimes et délits contre la sûreté intérieure et extérieure de l'Etat.
- Des cas de détournement de deniers publics qu'il jugera utile de se saisir et d'une manière générale de tous les crimes et délits commis par les fonctionnaires, agents ou préposés de l'Etat dans l'exercice de leur fonction ou à l'occasion de leur fonction.

<u>ARTICLE 3</u>.- Le T. P. R. est composé de :

- Trois Magistrats de l'ordre judiciaire ;
- Trois Militaires dont un Gendarme ;

- Dix membres des C.D.R.

Il est présidé par un Magistrat.

ARTICLE 4.- Les Membres du T.P.R. sont nommés par décret pris en Conseil des Ministres.

ARTICLE 5.- Le T.P.R. tiendra autant de sessions que de besoin. La date d'ouverture de chaque session est fixée par ordonnance du Président du T.P.R.

ARTICLE 6.- Le Greffier du T.P.R. est nommé par arrêté du Garde des Sceaux, Ministre de la Justice parmi le personnel du Greffe des Cours et Tribunaux.

ARTICLE 7.- A la requête du Président du T.P.R. les personnes poursuivies, les témoins et les parties civiles seront directement cités à comparaître devant le T.P.R. par les forces de l'ordre.

Le délai entre le jour où la citation est délivrée et le jour fixé pour la comparution est de dix jours francs au moins.

Les faux témoignages seront sévèrement réprimés par le T.P.R.

ARTICLE 8.- Le T.P.R. siège sans Ministère Public de même que la personne poursuivie comparaît sans l'assistance d'un Conseil et assure elle-même sa propre défense.

ARTICLE 9.- La procédure d'examen et de jugement est régie quel que soit l'infraction poursuivie par les dispositions du code de procédure pénale en ce qu'elles n'ont pas de contraire à la présente ordonnance.

ARTICLE 10.- Les décisions du T.P.R. sont rendues en premier et dernier ressort. Elles ne peuvent être attaquées que par la voie du recours gracieux.

ARTICLE 11.- La décision énonce :

- l'identification de la personne poursuivie
- l'infraction pour laquelle elle a été traduite devant le T.P.R.
- la peine prononcée
- la publicité de la lecture de la décision.

La décision est signée par le Président et le Greffier.

ARTICLE 12.- Tout individu reconnu coupable des faits énoncés à l'article 2 ci-dessus sera passible de l'une ou plusieurs des peines suivantes :

1°/- D'une expropriation partielle ou totale des biens mobiliers et immobiliers jusqu'à concurrence du montant des sommes détournées.

2°/- D'une peine d'amende.

3°/- D'une peine d'emprisonnement ferme ou avec sursis. La peine assortie du sursis est destinée à fournir à la personne condamnée l'occasion de s'amender politiquement et socialement et d'être réinsérée dans la société.

ARTICLE 13.- Les dispositions de la présente ordonnance seront applicables à tous les faits soumis à la compétence du T.P.R., même commis antérieurement à sa promulgation et la contrainte par corps devra toujours être prononcée quel que soit la condamnation retenue.

ARTICLE 14.- Les condamnations sont exécutoires immédiatement.

ARTICLE 15.- Les constitutions de parties civiles de la part des entreprises publiques ou parapubliques sont recevables devant le T.P.R.

ARTICLE 16.- Les modalités d'application de la présente ordonnance seront fixées en tant que de besoin par Décret.

ARTICLE 17.- La présente ordonnance qui abroge toute disposition antérieure contraire notamment l'ordonnance n°83-022/CSP/PRES du 18 Mai 1983 portant création d'une Cour Spéciale, sera exécutée comme loi de l'Etat.

Ouagadougou, le 19 octobre 1983

CAPITAINE Thomas SANKARA ./-

ANNEXE 3. Ordonnance N°83-025/CNR/PRES du 18 décembre 1983, portant modification de la loi N°15 AL du 31 AOUT 2959 relative aux crimes et délits contre la Constitution et contre la paix publique

REPUBLIQUE
DE HAUTE-VOLTA
Unité – Travail – Justice

CONSEIL NATIONAL
DE LA REVOLUTION

PRESIDENCE
DE LA REPUBLIQUE

ORDONNANCE N° 83-025/CNR/PRES
portant modification de la loi n°15 AL
du 31 AOUT 1959 relative aux crimes et
délits contre la Constitution et contre
la paix publique.

LE PRESIDENT DU CONSEIL NATIONAL
DE LA REVOLUTION
CHEF DE L'ETAT

VU La Proclamation du 4 Août 1983 ;

VU l'Ordonnance n°83-001/CNR du 4 Août 1983 ; portant création du Conseil National de la Révolution ;

VU le Décret n°83-021/CNR/PRES du 24 Août 1983 portant Composition du Gouvernement de la République de Haute-Volta ;

VU la Loi n°15 AL du 31 AOUT 1959 relative aux crimes et délits contre la Constitution et contre la paix publique.

ORDONNE :

ARTICLE Ier. - Le paragraphe 9 de la Loi n°15 AL du 31 AOUT 1959 dans ses articles 36 – 37 – 38 et 39 relatifs au détournement de deniers publics est modifié comme suit :

ARTICLE 36 NOUVEAU.- Toute personne qui aura détourné, dissipé, soustrait ou recélé les deniers publics, effets actifs en tenant lieu, titres de paiements, valeurs mobilières, actes contenant ou opérant obligation ou décharge, matériels ou objets mobiliers appartenant, destinés ou confiés à l'Etat, aux collectivités ou établissements publics, aux organismes, services, Coopératives ou sociétés bénéficiant d'une participation ou d'une aide financière de l'Etat, ou d'une collectivité publique soumise à la tutelle financière de l'Etat, sera punie d'une peine d'emprisonnement égale ou supérieure à 7 ans et d'une amende d'au moins 1 000 000 de francs ou de l'une de ces deux peines seulement.

Si ce montant n'excède pas 1 000 000 de francs, c'est un délit et la peine sera un emprisonnement de 3 mois à 7 ans et une amende de 50 000 francs à 1 000 000 de francs ou de l'une de ces deux peines seulement.

Dans tous les cas, la confiscation des biens du coupable sera obligatoirement prononcée jusqu'à concurrence du montant réévalué en hausse des sommes au remboursement desquelles il aura été condamné.

ARTICLE 37 NOUVEAU. - Toute personne qui se trouvera dans l'impossibilité de représenter les deniers, pièces, titre, actes, effets, et objets mobiliers qui étaient entre ses mains, en raison de ses fonctions, ou de justifier qu'il en a fait un usage conforme à leur destination, sera coupable de détournement et de dissipation, sauf à l'intéressé de prouver que cette impossibilité n'a pas une origine frauduleuse, ou ne lui est pas imputable.

ARTICLE 38 NOUVEAU. - Toute personne qui se sera enrichie en se servant de deniers, matériels, titres, actes, objets, et effets ou tout autre moyen appartenant à l'Etat, sera punie des peines ci-dessus mentionnées à l'article 36 selon que le montant de l'enrichissement illicite est inférieur ou supérieur à 1 000 000 de francs.

ARTICLE 39 NOUVEAU. - Il en sera de même de toute personne en rapport quelconque avec l'administration ou les biens de l'Etat qui se sera enrichie et se trouvera dans l'impossibilité de prouver la cause licite de son enrichissement.

ARTICLE 2.- La présente ordonnance visant les infractions ci-dessus énumérées porte effet rétroactif et abroge toutes dispositions antérieures contraires notamment celles portant sur la prescription de l'action publique.

ARTICLE 3.- La présente ordonnance sera exécutée comme loi de l'Etat.

Ouagadougou, le 18 décembre 1983

Capitaine Thomas SANKARA -

ANNEXE 4. ORDONNANCE N°83-026/CNR/PRES/MJ du 21 décembre 1983 fixant la procédure applicable devant les Tribunaux Populaires de la Révolution (T.P.R.)

REPUBLIQUE
DE HAUTE-VOLTA
Unité – Travail – Justice

CONSEIL NATIONAL
DE LA REVOLUTION

PRESIDENCE
DE LA REPUBLIQUE

ORDONNANCE N° 83-026/CNR/PRES/MJ
fixant la procédure applicable devant les
Tribunaux Populaires de la
Révolution (T.P.R.)

LE PRESIDENT DU CONSEIL NATIONAL
DE LA REVOLUTION
CHEF DE L'ETAT
PRÉSIDENT DU CONSEIL DES MINISTRES

VU La Proclamation du 4 Août 1983 ;

VU l'Ordonnance n°83-001/CNR du 4 Août 1983 ; portant création du Conseil National de la Révolution ;

VU le Décret n°83-021/CNR/PRES du 24 Août 1983 portant Composition du Gouvernement de la République de Haute-Volta ;

VU l'Ordonnance n°83-015/CNR/PRES du 19 Octobre 1983 portant création des Tribunaux Populaires de la Révolution ;

ORDONNE :

TITRE I. – DE LA TENUE DES SESSIONS

ARTICLE Ier. - Il est tenu au siège de chaque Cour d'Appel des sessions pour le jugement des affaires relevant du ressort de chaque T.P.R.

ARTICLE 2.- La date d'ouverture de chaque session du T.P.R. est fixée par une ordonnance du Président du T.P.R.

Le rôle de chaque session est arrêté par ordonnance du Président du T.P.R.

Les décisions relatives à la date et au rôle sont prises conformément aux instructions du Ministère de la Justice, Garde des Sceaux.

TITRE II. – DU SERMENT

ARTICLE 3.- A l'ouverture de chaque session, les assesseurs et les juges prennent place sur les sièges du Tribunal après le Président du T.P.R.

Le Président adresse aux assesseurs et aux juges debout et découverts le discours suivant : Vous jurez et promettez devant le peuple voltaïque d'examiner avec l'attention la plus scrupuleuse les affaires qui vous seront soumises pendant le cours de la présente session, de ne trahir ni les intérêts du prévenu, ni ceux du peuple qui l'accuse ; de ne communiquer avec personne jusqu'après votre délibération ; de n'écouter ni la haine ou la méchanceté, ni la crainte ou l'affection ; de vous décider d'après les charges et les moyens de défense, suivant votre conscience et votre intime conviction, avec l'impartialité et la fermeté qui conviennent à un homme probe et libre, et de conserver le secret des délibérations, même après la cessation de vos fonctions.

Chacun des membres du T.P.R., appelé individuellement par le Président, répond en levant le poing : « Je le jure ».

Le Président déclare la session ouverte.

TITRE III. – DE LA COMPOSITION DU T.P.R.

ARTICLE 4. – Le T.P.R. comprend plusieurs membres.

Sa composition pour chaque session est de 16 juges :

- Un Président et 2 Assesseurs Magistrats de profession,
- 3 Militaires dont un Gendarme et 10 délégués des C.D.R.

ARTICLE 5. – Le T.P.R. est à l'audience, assisté d'un Greffier nommé par arrêté du Garde des Sceaux.

ARTICLE 6. – Le T.P.R. est présidé par un Magistrat nommé par décret du Président de la République chef de l'Etat sur proposition du Garde des Sceaux Ministre de la Justice parmi les magistrats nommés conformément à l'article 4 de l'Ordonnance portant création des T.P.R. Les Présidents du T.P.R prêtent le serment prescrit à l'article 3 ci-dessus devant le Président du CNR, Chef de l'Etat.

ARTICLE 7. – En cas d'empêchement survenu avant l'ouverture et au cours de la session, le Président du T.P.R. est remplacé par arrêté du Garde des Sceaux, et choisi parmi les Magistrats nommés conformément à l'article 4 de l'ordonnance portant création des T.P.R.

ARTICLE 8. – Les Juges autres que le Président et ses deux assesseurs sont au nombre de 13, 3 Militaires dont un Gendarme, et 10 délégués des C.D.R.

En cas d'empêchement survenu avant l'ouverture et au cours de la session, ils sont remplacés par tirage au sort parmi ceux nommés conformément à l'article 4 de l'Ordonnance portant création des T.P.R.

TITRE IV. – DE LA PUBLICITE ET DE LA POLICE DE L'AUDIENCE

ARTICLE 9. – Les audiences des T.P.R. sont publiques.

Néanmoins, le T.P.R. peut, en constatant dans son jugement que la publicité est dangereuse pour l'ordre ou les mœurs, ordonner, par jugement rendu en audience publique, que les débats auront lieu à huis-clos.

Lorsque le huis-clos a été ordonné, celui-ci s'applique au prononcé des jugements séparés qui peuvent intervenir sur des incidents ou exceptions.

Le jugement sur le fond doit toujours être prononcé en audience publique.

ARTICLE 10. – Le Président peut interdire l'accès de la salle aux mineurs ou à certains d'entre eux.

ARTICLE 11. – Le Président du T.P.R a la Police de l'audience et la direction des débats.

ARTICLE 12. – Lorsqu'en audience, l'un des assistants trouble l'ordre de quelque manière que ce soit, le Président ordonne son expulsion de la salle d'audience.

Si au cours de l'exécution de cette mesure il résiste à cet ordre ou cause du tumulte, il est sur le champ, placé sous mandat de dépôt, jugé et puni d'un emprisonnement de deux mois à deux ans, sans préjudice des peines prévues contre les auteurs d'outrages et violence envers les Magistrats.

Sur l'ordre du Président, il est alors contraint par la force publique de quitter l'audience.

ARTICLE 13. – Si l'ordre est troublé à l'audience par le prévenu lui-même, il lui est fait application des dispositions de l'article précédent.

Le prévenu même libre, lorsqu'il est expulsé de la salle d'audience, est gardé par la force publique, jusqu'à la fin des débats, à la disposition du Tribunal ; il est alors reconduit à l'audience où le jugement est rendu en sa présence.

TITRE V. – DE LA CONSTITUTION DE PARTIE CIVILE

ARTICLE 14. – Les entreprises publiques ou parapubliques qui prétendent avoir été lésées par un crime ou délit peuvent se constituer partie civile devant les T.P.R.

La partie civile peut à l'appui de sa constitution demander des dommages et intérêts correspondants au préjudice qui lui a été causé.

TITRE VI. – DES DEBATS

ARTICLE 15. – Le Président du T.P.R constate l'identité du prévenu et donne connaissance de la citation qui a saisi le Tribunal. Il constate aussi, s'il y a lieu, la présence ou l'absence de la personne civilement responsable, de la partie civile, des témoins, des experts, et des interprètes.

ARTICLE 16. – Dans le cas où le prévenu ne parle pas suffisamment la langue officielle ou s'il est nécessaire de traduire un document, le Président désigne d'office un interprète, âgé de 18 ans au moins, et lui fait prêter serment de remplir fidèlement sa mission.

ARTICLE 17. – Le prévenu, directement cité par les forces de l'ordre doit comparaître, à moins qu'il ne soit dans une situation d'impossibilité absolue et dont la preuve de la non comparution aura été fournie au Président du T.P.R.

Selon les cas d'empêchement à comparaître, le Tribunal peut décider de renvoyer l'affaire à la prochaine session.

ARTICLE 18. – Les débats ne peuvent être interrompus et doivent continuer jusqu'à ce que la cause soit terminée par le jugement du T.P.R.

Ils peuvent être suspendus pendant le temps nécessaire au repos des Juges et du prévenu.

ARTICLE 19. – Le Président est investi d'un pouvoir discrétionnaire en vertu duquel il peut, en son honneur et conscience, prendre toutes mesures qu'il croit utile pour découvrir la vérité.

Il peut au cours des débats appeler, au besoin par mandat d'amener, et entendre toutes personnes ou se faire apporter toutes nouvelles pièces qui lui paraissent, d'après les développements donnés à l'audience, utiles à la manifestation de la vérité.

Les témoins ainsi appelés ne prêtent pas serment et leurs déclarations ne sont considérées que comme renseignements.

ARTICLE 20. – Les assesseurs et les autres Juges composant le Tribunal peuvent poser des questions au prévenu, aux parties civiles et aux témoins par l'intermédiaire du Président.

Ils ont le devoir de ne pas manifester leur opinion.

ARTICLE 21. – Le prévenu peut poser des questions par l'intermédiaire du Président aux coprévenus, aux témoins et à la partie civile. La partie civile peut, dans les mêmes conditions poser des questions aux prévenus et aux témoins.

ARTICLE 22. – Le prévenu et la partie civile peuvent déposer des conclusions sur lesquelles le Tribunal est tenu de statuer.

ARTICLE 23. – Le prévenu comparaît libre et seulement accompagné des Agents de force de l'ordre pour l'empêcher de prendre la fuite.

ARTICLE 24. – En cas de refus volontaire de comparaître, le Président ordonne que le prévenu soit amené par la force devant le Tribunal.

TITRE VII. – DE LA PRODUCTION ET DE LA DISCUSSION DES PREUVES

ARTICLE 25. – Lorsqu'un témoin cité ne comparaît pas, le T.P.R. peut ordonner qu'il soit immédiatement amené par la force publique devant lui pour y être entendu, ou renvoyer l'affaire pour la prochaine session.

En ce dernier cas, tous les frais de citation, d'actes, de voyage de témoins et autres ayant pour objet de faire juger l'affaire sont, hors le cas légitime, à la charge de ce témoin, et il y est contraint, même par corps par le jugement qui renvoie les débats à la session suivante.

Dans tous les cas, le témoin qui ne comparaît pas ou qui refuse soit de prêter serment, soit de faire sa déposition peut être condamné à une amende de 5 000 F CFA à 100 000 F CFA.

ARTICLE 26. – Toute personne qui déclare publiquement connaître les auteurs d'un crime ou délit pendant devant le T.P.R. et qui refuse de répondre aux questions qui lui sont posées à cet égard par les membres du Tribunal sera puni d'un emprisonnement de 2 mois à 1 an et d'une amende de 5 000 à 100 000 F CFA ou de l'une de ces deux peines seulement.

TITRE VIII. – LA CLOTURE DES DEBATS

ARTICLE 27. – Le Président déclare les débats terminés. Il donne lecture des questions auxquelles le Tribunal a à répondre.

ARTICLE 28. – Chaque question principale est posée ainsi qu'il suit :

« Le prévenu est-il coupable d'avoir commis tel fait ? »

Une question est posée sur chaque fait spécifié dans la citation.

Chaque circonstance aggravante fait l'objet d'une question distincte.

Il en est de même pour chaque excuse invoquée.

ARTICLE 29. – Avant que le T.P.R. ne se retire, le Président donne lecture de l'instruction suivant, qui est en outre affichée en gros caractère dans le lieu le plus apparent de la chambre des délibérations.

« La loi ne demande pas aux juges compte des moyens par lesquels ils se sont convaincus, elle ne leur prescrit pas de règles desquelles ils doivent faire particulièrement dépendre la plénitude et la suffisance d'une preuve ; elle leur prescrit de s'interroger eux-mêmes dans le silence et le recueillement et de chercher, dans la sincérité de leur conscience quelle impression ont fait, sur leur raison, les preuves rapportées contre le prévenu et les moyens de sa défense. La loi ne leur fait que cette seule question, qui renferme toute la mesure de leurs devoirs » :

Avez-vous une intime conviction ? »

ARTICLE 30. – Le Président fait retirer le prévenu de la salle d'audience. Il invite le Chef du service d'ordre à faire garder les issues de la chambre des délibérations, dans laquelle nul ne pourra pénétrer, pour quelque cause que ce soit, sans autorisation du président.

Le Président déclare l'audience suspendue.

TITRE IX. – DE LA DELIBERATION

ARTICLE 31. – Les membres du T.P.R. dans leur ensemble se retirent dans la salle des délibérations.

Ils n'en peuvent sortir qu'après avoir pris leurs décisions.

ARTICLE 32. – Les membres du T.P.R. délibèrent puis votent, sur le fait principal d'abord s'il y a lieu, sur chacune des circonstances aggravantes, sur les questions subsidiaires, sur chacun des faits d'excuse légale, sur la question de discernement en application des textes relatifs à l'enfance délinquant, et enfin sur la question des circonstances atténuantes, que le Président est tenu de poser toutes les fois que la culpabilité du prévenu est reconnue.

ARTICLE 33. – Le Président constate sur le champ le résultat du vote en marge ou à la suite des questions résolues.

La déclaration en ce qui concerne les circonstances atténuantes est exprimée qu'elle soit affirmative ou négative.

ARTICLE 34. – La décision du T.P.R. relative à la culpabilité se forme à la majorité absolue.

Toutes les autres se forment à la majorité simple.

ARTICLE 35. – En cas de contradiction entre deux ou plusieurs réponses, le Président peut faire procéder ç un nouveau vote.

ARTICLE 36. – En cas de réponse affirmative sur la culpabilité, le T.P.R. délibère sans désemparer sur l'application de la peine. Le vote a lieu séparément pour chaque prévenu.

ARTICLE 37. – Le T.P.R. délibère également sur les peines accessoires ou complémentaires.

ARTICLE 38. – Si le fait retenu contre le prévenu ne tombe pas ou ne tombe plus sous l'application de la loi pénale ou si le prévenu est déclaré non coupable, le T.P.R. prononce la relaxe de celui-ci.

Si le prévenu bénéficie d'une excuse absolutoire, le T.P.R. prononce son absolution.

ARTICLE 39. – Mention des décisions est faite sur la feuille de questions qui est signée séance tenante par le Président et par un Juge désigné à la majorité simple des membres du T.P.R.

ARTICLE 40. – Les réponses du T.P.R. aux questions posées sont irrévocables.

TITRE X. – DE LA DECISION SUR L'ACTION PUBLIQUE ET CIVILE

ARTICLE 41. – Le T.P.R. rentre ensuite dans la salle d'audience. Le Président fait comparaître le prévenu, donne lecture des réponses faites aux questions et du jugement portant condamnation, absolution ou relaxe.

ARTICLE 42. – Après que le T.P.R. s'est prononcé sur l'action publique, il statue sur les demandes en dommages-intérêts.

TITRE XI. – DES DISPOSITIONS FINALES

ARTICLE 43. – Les Procureurs de la République sont tenus de faire connaître au Procureur Général, les infractions à la loi pénale prévues par l'article 2 de l'Ordonnance n°83-015/CNR/PRES du 19 octobre 1983 portées à leur connaissance par les plaintes, dénonciations et procès-verbaux, après avoir compléter l'enquête préliminaire s'ils le jugent utile.

Le Procureur Général près la Cour d'Appel du siège du T.P.R. compétent est tenu de donner connaissance des infractions de la compétence du T.P.R. au Ministre de la Justice, Garde des Sceaux.

ARTICLE 44. – Les T.P.R. sont administrativement rattachés au Ministère de la Justice.

ARTICLE 45. – Conformément aux dispositions de l'article 12 de l'Ordonnance portant création du T.P.R, les infractions seront punies en ce qui concerne les peines d'amende et d'emprisonnement ainsi qu'il suit :

Tout prévenu reconnu coupable d'un délit sera puni de 3 mois à 7 ans d'emprisonnement et de plus de 50 000 francs d'amende ou de l'une de ces deux peines seulement.

Tout prévenu reconnu coupable d'un crime sera puni d'une peine d'emprisonnement égale ou supérieure à 7 ans et d'une amende d'au moins 1 000 000 de francs ou de l'une de ces deux peines seulement.

La qualification des faits en crime ou délits est celle prévue par les textes en vigueur.

ARTICLE 46. – Nonobstant les dispositions de l'article 12 de l'Ordonnance portant création des T.P.R. et de l'article 45 ci-dessus, les lois pénales en vigueur en Haute-Volta restent applicables pour ce qui est des autres peines.

ARTICLE 47. – La citation à comparaître contient, l'exposé et la qualification légale des faits, objet de la prévention. Elle décerne en outre ordonnance de prise de corps contre le prévenu dont elle précise l'identité. L'exécution de la prise de corps est laissée à la diligence du Président du T.P.R.

Le prévenu qui a été mis en liberté provisoire ou qui n'a jamais été détenu en raison des faits dont il est poursuivi doit se constituer prisonnier au plus tard la veille de l'audience.

ARTICLE 48. – Lorsque le T.P.R. prononce une peine d'emprisonnement ferme, il doit par la même décision décerner à l'audience, mandat de dépôt ou mandat d'arrêt selon que le prévenu est présent ou pas à l'audience.

ARTICLE 49. – Le Président du T.P.R. et le Greffier en Chef signent les extraits de Jugement pour la prison et pour le trésor sans délai.

ARTICLE 50. – L'exécution des décisions du T.P.R. est laissée à la diligence du Procureur Général du siège du T.P.R.

ARTICLE 51. – La présente Ordonnance qui abroge toute disposition antérieure contraire sera exécutée comme loi de l'Etat.

Ouagadougou, le 21 Décembre 1983

CAPITAINE Thomas SANKARA ./-

ANNEXE 5. Ordonnance n°84-001/CNR/PRES/MJ du 5 janvier 1984, complétant l'ordonnance n°83-026/CNR/PRES/MJ fixant la procédure applicable devant les Tribunaux Populaires de la révolution (T.P.R.)

REPUBLIQUE
DE HAUTE-VOLTA
Unité – Travail – Justice

CONSEIL NATIONAL
DE LA REVOLUTION

PRESIDENCE
DE LA REPUBLIQUE

ORDONNANCE N° 84-001/CNR/PRES/MJ
complétant l'ordonnance n°83-026/CNR/PRES/MJ fixant la procédure applicable devant les Tribunaux Populaires de la Révolution (T.P.R.)

LE PRESIDENT DU CONSEIL NATIONAL
DE LA REVOLUTION
CHEF DE L'ETAT
PRÉSIDENT DU CONSEIL DES MINISTRES

VU La Proclamation du 4 Aout 1983 ;

VU l'Ordonnance n°83-001/CNR du 4 Août 1983 ; portant création du Conseil National de la Révolution ;

VU le Décret n°83-021/CNR/PRES du 24 AOUT 1983 portant Composition du Gouvernement de la République de Haute-Volta ;

VU l'Ordonnance n°83-015/CNR/PRES du 19 Octobre 1983 portant création des Tribunaux Populaires de la Révolution ;

VU l'Ordonnance n°83-026/CNR/PRES/MJ fixant la procédure applicable devant les Tribunaux Populaires de la Révolution (T.P.R.)

ORDONNE :

ARTICLE Ier. - L'Ordonnance n°83-026/CNR/PRES du 21 Décembre 1983 fixant la procédure applicable devant les Tribunaux Populaires de la Révolution est complétée comme suit :

ARTICLE 2. – Tout prévenu comparaissant devant les Tribunaux Populaires de la Révolution est tenu de verser au greffe dudit Tribunal une caution de TRENTE MILLE (30 000) francs destinée à la couverture d'une partie des frais de Justice.

ARTICLE 3. – La somme versée sera déduite des frais de Justice auxquels sera éventuellement condamné le prévenu.

En aucun cas, elle ne donnera lieu à remboursement, quel que soit l'issue du procès.

ARTICLE 4. – La présente ordonnance qui abroge toute disposition antérieure contraire sera exécutée comme loi de l'Etat.

Ouagadougou, le 5 janvier 1984

CAPITAINE THOMAS SANKARA

ANNEXE 6. ORDONNANCE N°84-002/CNR/PRES du 27 janvier 1984, portant création des Tribunaux Populaires de la Révolution et déterminant la procédure applicable devant ces juridictions

REPUBLIQUE
DE HAUTE-VOLTA
Unité – Travail – Justice

CONSEIL NATIONAL
DE LA REVOLUTION

PRESIDENCE
DE LA REPUBLIQUE

ORDONNANCE N° 84-002/CNR/PRES
portant création de Tribunaux Populaires de la Révolution et déterminant la procédure applicable devant ces juridictions.

LE PRESIDENT DU CONSEIL NATIONAL
DE LA REVOLUTION
CHEF DE L'ETAT

VU La Proclamation du 4 Août 1983 ;

VU l'Ordonnance n°83-001/CNR du 4 Août 1983 ; portant création du Conseil National de la Révolution ;

VU le Décret n°83-021/CNR/PRES du 24 Août 1983 portant Composition du Gouvernement de la République de Haute-Volta ;

VU l'Ordonnance n°83-018/CNR/PRES du 19 Octobre 1983 portant création des Tribunaux Populaires de la Révolution ;

VU l'Ordonnance n°83-026/CNR/PRES du 21 Décembre 1983, fixant la procédure applicable devant les Tribunaux Populaires de la Révolution ;

ORDONNE :

TITRE I.- Institution et compétence

ARTICLE Ier : Il est créé un Tribunal Populaire de la Révolution au siège et dans le ressort de chaque tribunal de Première Instance.

ARTICLE 2.- Le Tribunal Populaire de la Révolution a compétence pour connaître :

- des crimes et délits politiques.

- des crimes et délits contre la sûreté intérieure et extérieure de l'Etat.
- des cas de détournement de deniers publics, et d'une manière générale de tous les crimes et délits commis par les fonctionnaires, agents ou préposés de l'Etat dans l'exercice de leurs fonctions ou à l'occasion de leurs fonctions dont il jugera utile de se saisir ;
- des cas d'enrichissement illicite au détriment de l'Etat.

TITRE II. – Organisation et composition

ARTICLE 3.- Le Tribunal Populaire de la Révolution est composé de 11 Membres :

1°) 7 membres titulaires dont :
- un Magistrat de l'ordre judiciaire qui le préside ;
- un Militaire ou un gendarme ;
- cinq membres des C.D.R.

2°) 4 membres suppléants dont :
- un Magistrat
- un Militaire ou un gendarme ;
- deux membres des C.D.R.

ARTICLE 4.- Les membres du T.P.R. sont nommés par décret pris en Conseil des Ministres.

ARTICLE 5.- Le Tribunal Populaire de la Révolution tiendra autant de sessions que de besoin. La date d'ouverture de chaque session est fixée par Ordonnance du Président du Tribunal Populaire de la Révolution.

Les audiences sont publiques.

ARTICLE 6.- Le Greffier du Tribunal Populaire de la Révolution est nommé par arrêté du Garde des Sceaux, Ministre de la Justice, parmi le personnel du Greffe des Cours et des Tribunaux.

ARTICLE 7.- A la requête du Président du Tribunal Populaire de la Révolution les personnes poursuivies, les témoins et les parties civiles seront directement cités à comparaître devant le Tribunal Populaire de la Révolution par les forces de l'ordre.

Le délai entre le jour où la citation est délivrée et le jour fixé pour la comparution est de cinq jours francs au moins.

ARTICLE 8.- Le Tribunal Populaire de la Révolution siège sans Ministère Public de même que la personne poursuivie comparaît sans l'assistance d'un Conseil et assure elle-même sa propre défense.

ARTICLE 9.- La procédure d'examen et de jugement est réglée par le titre III, ci-dessous et par les dispositions du code de procédure pénale en ce qu'elles n'ont pas de contraire à la présente ordonnance.

ARTICLE 10.- Les décisions du Tribunal Populaire de la Révolution sont rendues en premier et dernier ressort. Elles peuvent cependant faire l'objet d'un recours en grâce.

ARTICLE 11.- La décision énonce :

- l'identification de la personne poursuivie
- l'infraction pour laquelle elle a été traduite devant le Tribunal Populaire de la Révolution
- la peine prononcée
- la publicité de la lecture de la décision.

La décision est signée par le Président et le Greffier.

ARTICLE 12.- Tout individu reconnu coupable des faits énoncés à l'article 2 ci-dessus, sera passible de l'une ou plusieurs des peines suivantes, telles qu'elles sont prévues par les articles 36 nouveau, 37 nouveau, 38 nouveau et 39 nouveau de la loi n°15 AL du 31 Août 1959 ;

1°/- d'une expropriation partielle ou totale des biens mobiliers et immobiliers jusqu'à concurrence du montant des sommes auxquelles il aura été condamné ;

2°/- d'une peine d'amende ;

3°/- d'une peine d'emprisonnement ferme ou avec sursis.

La peine assortie du sursis est destinée à fournir à la personne condamnée l'occasion de s'amender politiquement et socialement et d'être réinsérée dans la société. Le sursis peut s'appliquer à tout ou partie de la peine d'emprisonnement.

ARTICLE 13.- Les condamnations sont immédiatement exécutoires.

ARTICLE 14.- Les constitutions de parties civiles de la part des entreprises publiques ou parapubliques sont recevables devant les Tribunaux Populaires de la Révolution.

ARTICLE 15.- Les dispositions de la présente Ordonnance seront applicables à tous les faits soumis à la compétence du Tribunal Populaire de la Révolution, même commis antérieurement à sa promulgation et la contrainte par corps devra toujours être prononcée quel que soit la condamnation retenue.

TITRE III. – La Procédure

CHAPITRE I.- DE LA TENUE DES SESSIONS.

ARTICLE 16.- Il est tenu au siège de chaque tribunal de première instance Cour des sessions pour le jugement des affaires relevant de la compétence des Tribunaux Populaires de la Révolution.

ARTICLE 17.- La date d'ouverture de chaque session du Tribunal Populaire de la Révolution ainsi que le rôle de la session sont fixés par une ordonnance du Président du Tribunal Populaire de la Révolution, conformément aux instructions du Garde des Sceaux, Ministre de la Justice.

CHAPITRE II.- DU SERMENT :

ARTICLE 18.- Les juges, prêtent serment à l'ouverture des sessions.

Le Président adresse aux juges debout et découverts le discours suivant :

« Vous jurez et promettez devant le peuple voltaïque d'examiner avec l'attention la plus scrupuleuse les affaires qui vous seront soumises pendant le cours de la présente session, de ne trahir ni les intérêts du prévenu, ni ceux du peuple qui l'accuse ; de ne communiquer avec personne jusqu'après votre délibération ; de n'écouter ni la haine ou la méchanceté, ni la crainte ou l'affection ; de vous décider d'après les charges et les moyens de défense, suivant votre conscience et votre intime conviction, avec l'impartialité et la fermeté qui conviennent à un homme probe et libre, et de conserver le secret des délibérations, même après la cessation de vos fonctions. »

Chacun des membres du Tribunal Populaire de la Révolution Tribunal Populaire de la Révolution, appelé individuellement par le Président, répond en levant le poing : « Je le jure ».

Le Président déclare la session ouverte.

ARTICLE 19.- En cas d'empêchement survenu avant l'ouverture ou au cours de la session, le Président du Tribunal Populaire de la Révolution est remplacé par son suppléant, les autres juges par leurs suppléants respectifs.

CHAPITRE III.- DE LA COMPARUTION DES TREVENUS.

ARTICLE 20. – A la requête du Président du Tribunal Populaire de la Révolution, les personnes poursuivies seront directement citées à comparaître devant les Tribunaux Populaires de la Révolution par les forces de l'ordre, dans les délais prévus par l'article 7 ci-dessus.

ARTICLE 21. - La citation à comparaître contient l'exposé et la qualification légale des faits, objet de la prévention. Elle décerne en outre ordonnance de prise de corps contre le prévenu dont elle précise l'identité. L'exécution de la prise de corps est laissée à la diligence du Président du Tribunal Populaire de la Révolution.

ARTICLE 22. – Le prévenu comparaît libre et seulement accompagné des agents des forces de l'ordre pour l'empêcher de prendre la fuite.

En cas de refus volontaire de comparaître, le Président ordonne que le prévenu soit amené par la force devant le Tribunal.

CHAPITRE IV. – DE LA PUBLICITE ET DE LA POLICE DE L'AUDIENCE.

ARTICLE 23. - Les audiences des Tribunaux Populaires de la Révolution T.P.R. sont publiques.

Néanmoins, le Tribunal Populaire de la Révolution peut, en constatant dans son jugement que la publicité est dangereuse pour l'ordre ou les mœurs, ordonner, par jugement rendu en audience publique, que les débats auront lieu à huis-clos.

Lorsque le huis-clos a été ordonné, celui-ci s'applique au prononcé des jugements séparés qui peuvent intervenir sur des incidents ou exceptions.

Le jugement sur le fond doit toujours être prononcé en audience publique.

ARTICLE 24. – Le Président peut interdire l'accès de la salle aux mineurs ou à certains d'entre eux.

ARTICLE 25. – Le Président du Tribunal Populaire de la Révolution a la Police de l'audience et la direction des débats.

ARTICLE 26. – Lorsqu'en audience, l'un des assistants trouble l'ordre de quelque manière que ce soit, le Président ordonne son expulsion de la salle d'audience.

Si au cours de l'exécution de cette mesure il résiste à cet ordre ou cause du tumulte, il est sur le champ, placé sous mandat de dépôt, jugé et puni d'un emprisonnement de deux mois à deux ans, sans préjudice des peines prévues contre les auteurs d'outrages et violence envers les Magistrats.

Sur l'ordre du Président, il est alors contraint par la force publique de quitter l'audience.

ARTICLE 27. – Si l'ordre est troublé à l'audience par le prévenu lui-même, il lui est fait application des dispositions de l'article précédent.

Le prévenu même libre, lorsqu'il est expulsé de la salle d'audience, est gardé par la force publique, jusqu'à la fin des débats, à la disposition du Tribunal ; il est alors reconduit à l'audience où le jugement est rendu en sa présence.

CHAPITRE V. – DE LA CONSTITUTION DE PARTIE CIVILE.

ARTICLE 28. – Les entreprises publiques ou parapubliques qui prétendent avoir été lésées par un crime ou délit peuvent se constituer partie civile devant les Tribunaux Populaires de la Révolution.

La partie civile peut à l'appui de sa constitution demander des dommages et intérêts correspondants au préjudice qui lui a été causé.

CHAPITRE VI. - DES DEBATS.

ARTICLE 29. – Le Président du Tribunal Populaire de la Révolution constate l'identité du prévenu et donne connaissance de la citation qui a saisi le Tribunal. Il constate aussi, s'il y a lieu, la présence ou l'absence de la personne civilement responsable, de la partie civile, des témoins, des experts, et des interprètes.

ARTICLE 30. – Dans le cas où le prévenu ne parle pas suffisamment la langue officielle ou s'il est nécessaire de traduire un document, le Président désigne d'office un interprète, âgé de 18 ans au moins, et lui fait prêter serment de remplir fidèlement sa mission.

ARTICLE 31. – Le prévenu, directement cité par les forces de l'ordre doit comparaître, à moins qu'il ne soit dans une situation d'impossibilité absolue et dont la preuve de la non comparution aura été fournie au Président du Tribunal Populaire de la Révolution.

Selon les cas d'empêchement à comparaître, le Tribunal peut décider de renvoyer l'affaire à la prochaine session.

ARTICLE 32. – Les débats ne peuvent être interrompus et doivent continuer jusqu'à ce que la cause soit terminée par le jugement du Tribunal Populaire de la Révolution.

Ils peuvent être suspendus pendant le temps nécessaire au repos des Juges et du prévenu ou pour complément d'enquête.

ARTICLE 33. – Le Président est investi d'un pouvoir discrétionnaire en vertu duquel il peut, en son honneur et conscience, prendre toutes mesures qu'il croit utile pour découvrir la vérité.

Il peut au cours des débats appeler, au besoin par mandat d'amener, et entendre toutes personnes ou se faire apporter toutes nouvelles pièces qui lui paraissent, d'après les développements donnés à l'audience, utiles à la manifestation de la vérité.

Les témoins ainsi appelés ne prêtent pas serment et leurs déclarations ne sont considérées que comme renseignement.

ARTICLE 34. – Le prévenu peut poser des questions par l'intermédiaire du Président aux coprévenus, aux témoins et à la partie civile.

La partie civile peut, dans les mêmes conditions poser des questions aux prévenus et aux témoins.

ARTICLE 35. – Le prévenu et la partie civile peuvent déposer des conclusions sur lesquelles le Tribunal est tenu de statuer.

CHAPITRE VII. - DE LA PRODUCTION ET DE LA DISCUSSION DES PREUVES

ARTICLE 36. – Lorsqu'un témoin cité ne comparaît pas, le Tribunal Populaire de la Révolution peut ordonner qu'il soit immédiatement amené par la force publique devant lui pour y être entendu, ou renvoyer l'affaire pour la prochaine session.

En ce dernier cas, tous les frais de citation, d'actes, de voyage de témoins et autres ayant pour objet de faire juger l'affaire sont, hors le cas légitime, à la charge de ce témoin, et il y est contraint, même par corps par le jugement qui renvoie les débats à la session suivante.

Dans tous les cas, le témoin qui ne comparaît pas ou qui refuse soit de prêter serment, soit de faire sa déposition peut être condamné à une amende de 5 000 francs CFA à 100 000 francs CFA.

ARTICLE 37. – Toute personne qui déclare publiquement connaître les auteurs d'un crime ou délit pendant devant le Tribunal Populaire de la Révolution et qui refuse de répondre aux questions qui lui sont posées à cet égard par les membres du Tribunal sera puni d'un emprisonnement de 2 mois à 1 an et d'une amende de 5 000 à 100 000 francs CFA ou de l'une de ces deux peines seulement.

ARTICLE 38. – Si d'après les débats la déposition d'un témoin parait fausse, le Président du Tribunal Populaire de la Révolution fait consigner aux notes d'audience les dires précis du témoin. Il peut enjoindre spécialement à ce témoin de demeurer à la disposition du Tribunal, qui l'entendra à nouveau, s'il y a lieu.

CHAPITRE VIII. – LA CLOTURE DES DEBATS.

ARTICLE 39. – Le Président déclare les débats terminés. Il donne lecture des questions auxquelles le tribunal a à répondre.

Chaque question principale est posée ainsi qu'il suit : « Le prévenu est-il coupable d'avoir commis tel fait ? »

Une question est posée sur chaque fait spécifié dans la citation.

Chaque circonstance aggravante fait l'objet d'une question distincte.

Il en est de même pour chaque excuse invoquée.

ARTICLE 40. – Avant que le Tribunal Populaire de la Révolution Tribunal Populaire de la Révolution ne se retire, le Président donne lecture de l'instruction suivante, qui est en outre affichée en gros caractère dans le lieu le plus apparent de la chambre des délibérations.

« La loi ne demande pas aux juges compte des moyens par lesquels ils se sont convaincus, elle ne leur prescrit pas de règles desquelles ils doivent faire particulièrement dépendre la plénitude et la suffisance d'une preuve ; elle leur prescrit de s'interroger eux-mêmes dans le silence et le recueillement et de chercher dans la sincérité de leur conscience quelle impression ont fait, sur leur raison, les preuves rapportées contre le prévenu et les moyens de sa défense. La loi ne leur fait que cette seule question, qui renferme toute la mesure de leurs devoirs » :

Avez-vous une intime conviction ? »

ARTICLE 41. – Le Président fait retirer le prévenu de la salle d'audience. Il invite le Chef du service d'ordre à faire garder les issues de la chambre des délibérations, dans laquelle nul ne pourra pénétrer, pour quelque cause que ce soit, sans autorisation du Président.

Le Président déclare l'audience suspendue.

CHAPITRE IX. - DE LA DELIBERATION

ARTICLE 42. – Les membres du Tribunal Populaire de la Révolution Tribunal Populaire de la Révolution dans leur ensemble se retirent dans la salle des délibérations.

Ils n'en peuvent sortir qu'après avoir pris leurs décisions.

ARTICLE 43. – Les membres du tribunal populaire de la Révolution délibèrent puis votent, sur le fait principal d'abord s'il y a lieu, sur chacune des circonstances aggravantes, sur les questions subsidiaires, sur chacun des faits d'excuse légale, sur la question de discernement en application des textes relatifs à l'enfance délinquante, et enfin sur la question des circonstances atténuantes, que le Président est tenu de poser toutes les fois que la culpabilité du prévenu est reconnue.

ARTICLE 44. – Le Président constate sur le champ le résultat du vote en marge ou à la suite des questions résolues.

La déclaration en ce qui concerne les circonstances atténuantes est exprimée qu'elle soit affirmative ou négative.

ARTICLE 45. – La décision du Tribunal Populaire de la Révolution relative à la culpabilité se forme à la majorité absolue.

Toutes les autres se forment à la majorité simple.

ARTICLE 46. – En cas de contradiction entre deux ou plusieurs réponses le Président peut faire procéder ç un nouveau vote.

ARTICLE 47. – En cas de réponse affirmative sur la culpabilité, le Tribunal Populaire de la Révolution délibère sans désemparer sur l'application de la peine. Le vote a lieu séparément pour chaque prévenu.

ARTICLE 48. – Le Tribunal Populaire de la Révolution délibère également sur les peines accessoires ou complémentaires.

ARTICLE 49. – Si le fait retenu contre le prévenu ne tombe pas ou ne tombe plus sous l'application de la loi pénale ou si le prévenu est déclaré non coupable, le Tribunal Populaire de la Révolution prononce la relaxe de celui-ci.

Si le prévenu bénéficie d'une excuse absolutoire, le Tribunal Populaire de la Révolution prononce son absolution.

ARTICLE 50. – Mention des décisions est faite sur la feuille de questions, qui est signée séance tenante par le Président et par un Juge désigné à la majorité simple des membres du Tribunal Populaire de la Révolution.

ARTICLE 51. – Les réponses du Tribunal Populaire de la Révolution aux questions posées sont irrévocables.

CHAPITRE X. – DE LA DECISION SUR L'ACTION PUBLIQUE ET CIVILE

ARTICLE 52. – Le Tribunal Populaire de la Révolution rentre ensuite dans la salle d'audience. Le Président fait comparaître le prévenu, donne lecture des réponses faites aux questions et du jugement portant condamnation, absolution ou relaxe.

ARTICLE 53. – Après s'être prononcé sur l'action publique, le Tribunal Populaire de la Révolution statue sur les demandes en dommages-intérêts s'il y a lieu.

ARTICLE 54. – Lorsque le Tribunal Populaire de la Révolution prononce une peine d'emprisonnement ferme, il doit par la même décision décerner à l'audience mandats de dépôt ou d'arrêt suivant les cas.

ARTICLE 55. – Le Président du Tribunal Populaire de la Révolution et le Greffier signent les extraits de jugement pour la prison et pour le Trésor sans délai.

ARTICLE 56. – Le Président du Tribunal Populaire de la Révolution est chargé de l'exécution des décisions du Tribunal Populaire de la Révolution.

TITRE XI. – DISPOSITIONS FINALES.

ARTICLE 57. – Les Procureurs de la République sont tenus de faire connaître au Procureur Général, les infractions à la loi pénale prévues par l'article 2 de l'Ordonnance n°83-015/CNR/PRES du 19 octobre 1983 portées à leur connaissance par les plaintes, dénonciations et procès-verbaux, après avoir compléter l'enquête préliminaire s'ils le jugent utile.

Le Procureur Général près la Cour d'Appel du siège du Tribunal Populaire de la Révolution compétent est tenu de donner connaissance des infractions de la compétence du Tribunal Populaire de la Révolution au Ministre de la Justice, Garde des Sceaux.

ARTICLE 58. – La présente ordonnance qui abroge toutes dispositions antérieures contraires, notamment les ordonnance n°83-018/CNR/PRES et n°83-026/CNR/PRES des 19 Octobre et 21 Décembre 1983 sera exécutée comme loi de l'Etat.

Ouagadougou, le 27 Janvier 1984

CAPITAINE THOMAS SANKARA ./-

ANNEXE 7. Décret n°84-008/CNR/PRES/MJ du 30 janvier 1984, portant création d'Equipes Mobiles d'Investigations

REPUBLIQUE
DE HAUTE-VOLTA
Unité – Travail – Justice

CONSEIL NATIONAL
DE LA REVOLUTION

PRESIDENCE
DE LA REPUBLIQUE

DECRET n° 84-008/CNR/PRES/MJ
portant création d'Equipes Mobiles
d'Investigations.

LE PRESIDENT DU CONSEIL NATIONAL
DE LA REVOLUTION
CHEF DE L'ETAT

VU La Proclamation du 4 Aout 1983 ;

VU l'Ordonnance n°83-001/CNR du 4 Août 1983 ; portant création du Conseil National de la Révolution ;

VU le Décret n°83-021/CNR/PRES du 24 AOUT 1983 portant Composition du Gouvernement de la République de Haute-Volta ;

VU l'Ordonnance n°84-002/CNR/PRES, portant création des Tribunaux Populaires de la Révolution et déterminant la procédure applicable devant ces Juridictions ;

DECRETE :

ARTICLE Ier. - Il est créé trois équipes mobiles d'investigations (E.M.I.) sur le Territoire National dont deux à Ouagadougou et une à Bobo-Dioulasso.

ARTICLE 2 – Chaque Equipe est composé de trois membres :

- 1 Militaire
- 1 Gendarme
- et un délégué des Comités de défense de la Révolution.

ARTICLE 3 – La coordination des Equipes est assurée conjointement par le Conseiller Juridique de la Présidence de la République et un Délégué du Ministère de la Justice.

ARTICLE 4 – Les E.M.I. ont pour mission :

- de faire l'état des biens mobiliers et immobiliers des personnes poursuivies devant les Tribunaux Populaires de la Révolution ;

- de procéder à toutes investigations et enquêtes sur les affaires dont elles seront saisies ;
- de recueillir toutes informations et rassembler tous éléments susceptibles de faciliter le travail des Tribunaux Populaires de la Révolution.

ARTICLE 5 – Les responsables des services administratifs, les Directeurs des Organismes étatiques et paraétatiques, les Chefs des Entreprises privées sont tenus de déférer à toute réquisition même verbale des E.M.I.

Il en est de même de toutes autres personnes se trouvant sur le Territoire National et de tous Nationaux se trouvant à l'étranger dont une E.M.I. jugera utile de requérir les services.

ARTICLE 6 – Chaque Equipe a compétence sur toute l'étendue du Territoire National y comprises les Représentations diplomatiques de la Haute-Volta à l'étranger.

ARTICLE 7 – Toute personne ayant la responsabilité de l'utilisation d'un moyen quelconque de l'Etat est tenue de le mettre à la disposition des E.M.I. aussitôt qu'elle en sera requise. En son absence tout autre de ses collaborateurs, présent, devra faire diligence.

ARTICLE 8 – Dans le cadre de leur mission, les E.M.I. ont le droit de requérir directement la force publique.

ARTICLE 9 – Le Garde des Sceaux, Ministre de la Justice, le Ministre de la Défense et des Anciens Combattants, le Secrétaire Général National des Comités de Défense de la Révolution sont chargés chacun en ce qui le concerne de l'exécution du présent décret qui sera publié au journal officiel de la République.

Ouagadougou, le 30 janvier 1984.

PAR LE CHEF DE L'ETAT, **CAPITAINE THOMAS SANKARA./-**

LE GARDE DES SCEAUX, MINISTRE
DE LA JUSTICE,

LE MINISTRE DE LA DEFENSE ET
DES ANCIENS COMBATTANTS,

Train Raymond PODA ./-

CHEF DE BATAILLON Jean Baptiste B. LENGANI./-

LE SECRETAIRE GENERAL
NATIONAL DES C.D.R.

Lieutenant Pierre OUEDRAOGO./-

BIBLIOGRAPHIE

I. OUVRAGES

M. AYDALOT, Magistrat, Editions A. Pedone, Paris, 1966;

A. BRUNOIS, La liberté judiciaire, honneur des hommes, APIL, Versailles, 1978 ;

G. BURDEAU, Les Libertés Publiques, 4ème Edition, L.G.D.J., Paris, 1972 ;

R. DUMONT, L'Afrique Noire est mal partie, Le Seuil, Paris, 1962 ;

A. FAUTSCH, Manuel de Droit Public et Privé, 3ème Edition, Imprimerie Meyerbeer, Nice, 1965 ;

P. F. GONIDEC, Les systèmes politiques africains, 2ème Edition, L.G.D.J., Paris, 1978 ;

M. JEOL, La réforme de la Justice en Afrique Noire, Editions A. Pedone, Paris, 1963 ;

J. LEVRON, la Révolution française, Arthaud, Paris, 1966 ;

J.P. MASSERON, Le pouvoir et la justice en Afrique Noire Francophone et à Madagascar, Editions R. Laffont, Paris, 1976 ;

R. MERLE et A. VITU, Traité de droit criminel, problèmes généraux de la science criminelle, Droit pénal général, 3ème Edition, Editions Cujas, Paris, 1978 ;

R. MERLE et A. VITU, Traité de droit criminel, procédure pénale, 3ème Edition, Editions Cujas, Paris, 1979 ;
T. F. PACERE, Au nom du droit, Imprimerie Nouvelle du Centre, Ouagadougou, 1983 ;
E. POLLAK, La parole est à la défense, Editions R. Laffont, Paris, 1975 ;
M. L. RASSAT, Droit pénal spécial, 4ème Edition, Dalloz, Paris, 1976.

II. MÉMOIRE

J. BADO, Analyse jurisprudentielle du détournement de deniers publics (1960 – 1980), Mémoire de Maîtrise en Droit soutenu à l'Ecole Supérieure de Droit, Université de Ouagadougou, 1982.

III. TEXTES OFFICIELS

Journal Officiel de la République de Haute-Volta (J.O.H.V.) ;
Code de Procédure Pénale ;
Constitution de la République de Haute-Volta de 1977.

IV. REVUES ET JOURNAUX

Revue Voltaïque de Droit ;
Carrefour Africain, hebdomadaire national d'informations de la Haute-Volta ;
L'Observateur, quotidien voltaïque d'informations ;
Sidwaya, quotidien voltaïque d'information et de mobilisation du Peuple.

TABLE DES MATIÈRES

L'HARMATTAN ITALIA
Via Degli Artisti 15; 10124 Torino
harmattan.italia@gmail.com

L'HARMATTAN HONGRIE
Könyvesbolt ; Kossuth L. u. 14-16
1053 Budapest

L'HARMATTAN KINSHASA
185, avenue Nyangwe
Commune de Lingwala
Kinshasa, R.D. Congo
(00243) 998697603 ou (00243) 999229662

L'HARMATTAN CONGO
67, av. E. P. Lumumba
Bât. – Congo Pharmacie (Bib. Nat.)
BP2874 Brazzaville
harmattan.congo@yahoo.fr

L'HARMATTAN GUINÉE
Almamya Rue KA 028, en face
du restaurant Le Cèdre
OKB agency BP 3470 Conakry
(00224) 657 20 85 08 / 664 28 91 96
harmattanguinee@yahoo.fr

L'HARMATTAN MALI
Rue 73, Porte 536, Niamakoro,
Cité Unicef, Bamako
Tél. 00 (223) 20205724 / +(223) 76378082
poudiougopaul@yahoo.fr
pp.harmattan@gmail.com

L'HARMATTAN CAMEROUN
TSINGA/FECAFOOT
BP 11486 Yaoundé
699198028/675441949
harmattancam@yahoo.com

L'HARMATTAN CÔTE D'IVOIRE
Résidence Karl / cité des arts
Abidjan-Cocody 03 BP 1588 Abidjan 03
(00225) 05 77 87 31
etien_nda@yahoo.fr

L'HARMATTAN BURKINA
Penou Achille Some
Ouagadougou
(+226) 70 26 88 27

L'HARMATTAN SÉNÉGAL
10 VDN en face Mermoz, après le pont de Fann
BP 45034 Dakar Fann
33 825 98 58 / 33 860 9858
senharmattan@gmail.com / senlibraire@gmail.com
www.harmattansenegal.com